Andreas Knuf

Widerstand

zwecklos

Andreas Knuf

Widerstand zwecklos

Wie unser Leben leichter wird, wenn wir es annehmen, wie es ist

KÖSEL

4. Auflage 2026

in der Penguin Random House Verlagsgruppe GmbH,
Neumarkter Straße 28, 81673 München
produktsicherheit@penguinrandomhouse.de
(Vorstehende Angaben sind zugleich Pflichtinformationen nach GPSR.)
Umschlag: Weiss Werkstatt München
Umschlagmotiv: © Robert Adrian Hillman / shutterstock.com
Satz: Greiner & Reichel, Köln
Druck und Bindung: GGP Media GmbH, Pößneck
Printed in Germany
ISBN 978-3-466-34712-4

www.koesel.de

Inhalt

Wir sind hier nicht bei »wünsch dir was«,
sondern bei »so isses«.
Unbekannte Quelle

Einleitung

Esel sind bekanntlich störrisch. Das sieht man auch auf dem Cover dieses Buchs. Wenn der Esel erst mal steht, dann steht er – da hilft auch alles Ziehen und Locken nichts. Er bestimmt, wann es weitergeht, und wer ihn führt, braucht einen langen Atem und viel Geduld. Vor allem aber sollte man nichts erzwingen wollen, denn dann zeigt der Esel so richtig, wer der Boss ist.

Widerstand ist nicht nur zwecklos, wenn es darum geht, einen sturen Esel zu bändigen, unser Leben funktioniert ganz genauso. Sobald wir dem Leben unsere Regeln aufzwingen wollen, sobald wir nicht mit dem Strom des Lebens schwimmen, sondern gegen ihn, geht es uns wie jemandem, der einen störrischen Esel zum Weitergehen zwingen will. Wir verlieren uns in einem mühsamen Kampf, der nicht nur aussichtslos ist, sondern uns auch unbändig anstrengt. Und genau das ist mittlerweile das Lebensgefühl sehr vieler Menschen!

Wie würdest du reagieren, wenn ich dir sage, es gibt einen Weg, diesen vergeblichen Kampf einfach zu beenden? Einen Weg, bei dem du dich nicht weiter anstrengen musst, sondern stattdessen Zufriedenheit und inneren Frieden erfährst? Vielleicht denkst du: Oh je, schon wieder so ein Ratgeber, der viel verspricht und wenig hält. Vielleicht bist du aber auch neugierig geworden und möchtest mehr erfahren. Wenn ich dir nun sage, dass dieser Weg ganz schlicht darin besteht, deinem Leben, so wie es ist, zuzustimmen und nicht länger gegen das zu kämpfen, was dir nicht passt, dann klingt deine Begeisterung wahrscheinlich ziemlich rasch wieder ab. Wir denken uns nämlich fast alle, dass erst etwas anders werden muss, bevor es uns wirklich gut gehen kann. Akzeptanz gehört für die meisten von uns ganz und gar nicht zu unseren Lieblingsbeschäftigungen. Wer hat schon Lust, zu akzeptieren, was einem nicht gefällt und was man sich nicht gewünscht hat: das schlechte Wetter im Urlaub, der Streit in der Familie, der unsensible Ehemann, eine Krankheit oder Behinderung, die Endlichkeit des Lebens.

Dabei ist Akzeptanz eine der wichtigsten Fähigkeiten, um ein zufriedenes Leben führen zu können und mit den Widrigkeiten des Lebens zurechtzukommen. Es gibt wenige menschliche Qualitäten, die einerseits so unbeliebt sind und andererseits dermaßen kraftvoll und lebensverändernd. Wenn wir zur Akzeptanz in der Lage sind, werden wir innerlich freier und unser Leben wird deutlich leichter. Damit es uns gut geht, müssen die Dinge dann nämlich nicht mehr so laufen, wie wir sie gerne hätten, sondern sie dürfen so sein, wie sie nun mal sind. Unsere Zufriedenheit hängt nicht mehr davon ab, ob alles nach unseren Wünschen läuft. Und auch wir selbst dürfen so sein, wie wir nun mal sind, und müssen nicht ständig an uns arbeiten, um endlich halbwegs vorzeigbar zu sein. Der Kampf gegen das Leben und gegen uns selbst findet endlich ein Ende.

Akzeptanz ist darüber hinaus auch die wichtigste Fähigkeit, um die Geschenke des Lebens überhaupt wahrzunehmen. Manchmal nämlich fällt es uns sogar schwer, die angenehmen Empfindungen und die beglückenden Ereignisse in unserem Leben wirklich an uns heranzulassen und anzunehmen. Daher geht es in diesem Buch nicht nur um die Akzeptanz *unerwünschter* Ereignisse und Empfindungen.

Die Fähigkeit zur Akzeptanz ist in vielen Lebensbereichen gefordert. Da sind natürlich die großen Schicksalsschläge eines Menschenlebens: Ein geliebter Mensch stirbt, man selbst leidet unter einer schweren oder sogar lebensbedrohlichen Erkrankung, ein Kind kommt behindert auf die Welt. Es sind vor allem diese existenziellen Situationen, die unsere Fähigkeit, das was ist, anzunehmen, auf eine harte Probe stellen. Daneben gibt es vieles, was anders läuft, als wir es gerne hätten: Die Ehe geht in die Brüche und die kleinen Kinder pendeln zwischen Mama und Papa, man ist unglücklich im Job und hat keine Perspektive auf eine Veränderung, schmerzhafte Erinnerungen aus der Vergangenheit holen einen immer wieder ein. Und eigentlich fängt es schon bei den vielen kleinen Unannehmlichkeiten und Ärgernissen des Alltags an. Zu akzeptieren, dass die Haut nicht mehr ganz so samtweich und glatt ist wie mit 17 Jahren, dass das Kind nicht die erhofften Schulnoten nach Hause bringt oder ein Sommer manchmal auch Regentage hat, sogar dann wenn wir gerade ein großes Fest planen. Jeden Tag gibt es Dutzende kleinerer und größerer Ereignisse und Empfindungen, die wir anders haben wollen, als sie sind, und gegen die wir ankämpfen.

In unserer Kultur geht die Fähigkeit zur Annahme mehr und mehr verloren. Statt Akzeptanz herrscht eine Optimierungs- und Selbstoptimierungskultur vor, die uns antreibt, die Lebenssituation und die eigene Person immer weiter zu perfektionieren. Annahme hat da bei vielen Menschen eher einen schlechten Ruf, weil sie mit Passivität und Resignation gleichgesetzt wird. Das Leben darf nicht mehr so fließen, wie es fließt, sondern es soll gefälligst unseren Regeln folgen. Wir glauben, einen Anspruch darauf zu haben, dass es uns gut geht und das Leben rundläuft. So tun wir uns schwer, mit Verlusten und Misserfolgen, Krankheit und Alter, mit unerfüllten Sehnsüchten und schweren Schicksalsschlägen umzugehen. Denn diese können ohne eine annehmende Haltung nicht bewältigt werden. Auch verschiedene psychische Erkrankungen werden begünstigt, wenn der Widerstand gegen eine vorhandene Lebenssituation und eigene Empfindungen zu stark bleibt. Überhaupt bewirkt Widerstand oft eine getriebene Daueraktivität sowie chronisches Erleben von Unzufriedenheit und Anspannung.

Dieses Buch möchte eine Hilfestellung bieten, um akzeptierender mit sich selber, mit dem Leben und mit anderen Menschen umgehen zu können. Ich habe in Therapiegesprächen, aber auch in meinem eigenen Leben immer wieder erfahren, wie wenig wir heute darüber wissen, wie das praktisch geht. Die immer wieder gehörte Empfehlung »Das musst du jetzt aber mal annehmen« zeigt dieses Unwissen. Annahme können wir nicht machen, sie unterliegt nicht unserem Willen, sie ist noch nicht einmal eine Handlung. Akzeptanz ist eher ein Geschenk, aber keines, das wir zufällig bekommen oder eben nicht. Vielmehr können wir Bedingungen schaffen, die es wahrscheinlicher machen, dass sie sich einstellt. Wer hinreichend über den Tod eines geliebten Menschen getrauert hat, der wird den Verlust schließlich annehmen können. Wer den Schmerz über unerfüllte Sehnsüchte nicht beiseite drängt, der wird sich von diesen lösen können und offen für andere, neue Lebensmöglichkeiten werden. Akzeptanz ist die Folge einer gelungenen innerpsychischen Auseinandersetzung mit Lebensereignissen und Eigenschaften. Diesen Prozess versuche ich in diesem Buch möglichst konkret und nachvollziehbar zu beschreiben, sodass er sich auf das eigene Leben übertragen lässt.

Dabei helfen verschiedene Übungen, die dir im Buch immer wieder begegnen werden. Sie sind in den Text eingebaut und nicht durch Kästchen oder Ähnliches sichtbar gemacht.

Das ist zugegebenermaßen etwas gemein, denn du kannst das Kästchen mit der Übung dann nicht einfach überspringen, sondern musst die Übung zumindest lesen. Dadurch erhöht sich die Chance, dass du sie auch ausprobierst, was für die Wirkung des Buches wünschenswert ist. Du kannst den Text aber auch einfach so lesen. Dann nutzt du das Buch in erster Linie, um die Inhalte theoretisch zu verstehen – ein erster und wichtiger Schritt. Im Text findest du öfter ein Pausenzeichen ( ), das dich einlädt, kurz innezuhalten, vielleicht sogar für einen Moment das Buch beiseite zu legen und das Gelesene auf dich wirken zu lassen. Diese Pausen helfen dir, das Gelesene zu vertiefen und mit deinen eigenen Gedanken und Lebenserfahrungen zu verbinden.

Hoffentlich wird es mir nachgesehen, dass ich dich als Leserin oder Leser in diesem Buch duze. Ich tue das, obwohl wir uns wahrscheinlich nicht persönlich kennen und mir das »du« nie angeboten wurde. Nach meiner Erfahrung ermöglicht das »du« jedoch einen direkteren und tieferen Zugang zu den Inhalten des Buches und unterstützt den Prozess, den es anstoßen möchte.

Beginnen wir also mit unserer gemeinsamen Reise, auf der wir eine Tugend vertiefen, die unser Leben ganz sicher leichter und anstrengungsloser macht.

Andreas Knuf
Konstanz, im Frühjahr 2018

Eine Kultur der Nicht-Akzeptanz

Wer will schon gerne annehmen?

Kein Lebewesen, weder Mensch noch Tier, möchte gerne unangenehme Empfindungen haben. Wir alle wünschen uns das Angenehme und Schöne. Angenehm bedeutet, dass uns etwas gefällt und unsere Bedürfnisse erfüllt sind. Sobald dies der Fall ist, geht es uns gut. Wenn wir hungrig sind und etwas zu essen bekommen, was vielleicht auch noch gut schmeckt, empfinden wir das als angenehm. Fühlen wir uns alleine und der beste Freund steht plötzlich vor der Tür, freuen wir uns über seinen Besuch. Es ist stinknormal, dass wir angenehme Empfindungen suchen und unangenehmen aus dem Weg gehen, und auch ziemlich gesund, denn es sichert unser Überleben. Wenn wir zwischen einem richtig leckeren Drei-Gänge-Menü oder trockenem Brot wählen können, werden wohl die allermeisten von uns sich eher für die drei Gänge entscheiden.

Angenehmes zu suchen und Unangenehmes loswerden zu wollen, gehört wohl schon immer zum Menschsein dazu. Bereits vor 2600 Jahren hat sich Buddha mit diesem Thema beschäftigt. Er sprach unter anderem von Gier und Anhaftung. Gier ist die Suche nach dem Angenehmen und Anhaftung der Wunsch, das Angenehme festhalten zu wollen. In der Lehre des Buddha gelten Gier und Anhaftung als Grundstein für das menschliche Leid. Denn oft bekommen wir nicht, was wir wollen, sondern stattdessen etwas, was wir uns nun wirklich nicht gewünscht haben. Dagegen kämpfen wir an, und genau das ist es, was uns unglücklich macht. Wir wollen das Angenehme erzwingen und dem Unangenehmen am liebsten für den Rest unseres Lebens aus dem Weg gehen. Es sind nicht die tatsächlichen äußeren Umstände, die uns unglücklich machen, sondern unsere innere Reaktion darauf.

Wenn wir nun aber unzufrieden sind, weil wir etwas nicht bekommen, was wir uns wünschen, oder weil wir bekommen, was wir nicht wollten, machen wir uns abhängig vom Außen. Unser Befinden hängt hochgradig davon ab, was uns widerfährt. Das kann es doch nicht sein, oder?

Zwölf-Zonen-Matratze und Persönlichkeitsoptimierung

Über Jahrtausende hatten Menschen quasi keine andere Wahl als anzunehmen, was ihnen das Leben schenkte oder zumutete, denn die Einflussmöglichkeiten waren gering. Sie waren konfrontiert mit vielem, was sie nicht beeinflussen konnten und was ihr Leben massiv beeinträchtigte: Harte Winter, denen sie zunächst in klammen Höhlen und später in zugigen Häusern zu trotzen versuchten; Missernten, die monatelange Hungerphasen zur Folge hatten; Seuchen, die die Bewohner ganzer Landstriche dahinrafften. All dem konnten die Menschen lange gar nichts oder nur wenig entgegensetzen. Sie waren diesen äußeren Gewalten fast machtlos ausgeliefert und hatten nur eine Möglichkeit, damit zurechtzukommen: Sie mussten sie als nun mal gegeben annehmen. Hätten sie nicht nur Hunger gelitten, sondern innerlich auch noch dagegen rebelliert, sie hätten doppelt gelitten. Denn wer sich gegen das Unveränderliche aufbäumt, dem geht es nur noch schlechter, der vergeudet seine Energie und kann doch nichts bewirken.

Geholfen hat den Menschen in dieser schwierigen Situation ihre Religion. Sie hat ihnen ein Erklärungsmodell für unkontrollierbare Geschehnisse geboten, sodass sie sich nicht mehr ganz so ausgeliefert und ohnmächtig fühlen mussten. Wenn ein Gewitter und ein Blitzeinschlag nicht einfach nur ein Naturereignis sind, sondern eine Antwort Gottes auf das eigene Verhalten, dann kann man doch etwas tun und ist seinem Schicksal nicht ausgeliefert. Wer viel betet und ein gottgefälliges Leben führt, der schützt sich so davor, dass sein Haus abbrennt.

Mit fortschreitender technischer Entwicklung haben die Menschen immer mehr Anstrengungen unternommen, um das Unvermeidliche doch vermeidbar zu machen. Die Folge davon: Wir müssen heute weniger Unangenehmes und Leidvolles ertragen als frühere Generationen. Technik und zivilisatorischer Fortschritt haben dazu geführt, dass unser Alltag deutlich angenehmer ist als früher. In vielen Regionen der Welt sind die Menschen vor Hunger und Epidemien geschützt. Das medizinische Behandlungssystem hat viele Krankheiten kontrollierbar gemacht oder sogar vollständig besiegt. Die Kindersterblichkeit konnte in den meisten Ländern deutlich verringert werden und die Lebenserwartung steigt schon seit Jahrhunderten an.

Das menschliche Bemühen, Unangenehmes zu reduzieren und Angenehmes zu fördern, nimmt immer extremere Ausmaße an. Wir sind bestrebt, alle Bereiche des Lebens zu kontrollieren und treiben alles, was eben möglich ist, zur Perfektion. Wir schlafen auf Zwölf-Zonen-Spezialmatratzen, sitzen in Autos mit Sitz-, Lenkrad- und Armlehnenheizung (die gibt es wirklich!) und tragen Komfortschuhe mit Mehrfachdämpfung. Wir versuchen, möglichst viel aus dem Leben und aus uns selbst herauszuholen.

Es scheint, als würden wir in einer toleranten Gesellschaft leben, in der jeder so sein darf, wie er oder sie nun mal ist. In Wirklichkeit ist unser Verhaltensspielraum in vielen Bereichen enger geworden, weil wir immer perfekter sein müssen. Heute gibt es 14-jährige Mädchen, die Geld sparen, um Schönheitsoperationen machen zu lassen. Wir müssen nicht nur schön sein, sondern auch die richtige Schule besuchen, in der richtigen Gegend wohnen, ein cooles Auto fahren, tolle Freunde haben (auf die all die perfekten Kriterien auch zutreffen). Wenn wir heiraten, sind wir zwei Jahre mit den Planungen beschäftigt und haben mindestens drei Hochzeitsmessen besucht. Ein Kindergeburtstag ist heute ein Eventfeuerwerk, bei dem sich die Eltern zu übertrumpfen versuchen. Mittlerweile lassen nicht nur Menschen Schönheitsoperationen vornehmen, sondern sogar Haustiere müssen leiden, nur weil Herrchen oder Frauchen das eine Ohr gerne etwas größer oder die Zitzen nach dem ersten Wurf gerne kleiner hätte. Das ist momentan in Europa zwar noch verpönt, in anderen Ländern jedoch, beispielsweise den USA, bieten sich Tierärzte massenhaft an, um solche Operationen durchzuführen.

Wir verbessern nicht nur die Dinge um uns herum, sondern unser ganzes Leben und vor allem uns selbst. Wir müssen uns heute gesund ernähren, genug Sport treiben und auf genügend Vitamin D achten. Ohne Yoga, Achtsamkeit und Meditation geht in bestimmten Kreisen sowieso gar nichts mehr. Nicht zuletzt müssen wir heute auch auf der psychologischen Ebene einiges auf die Reihe kriegen. Wir müssen »unser wahres Wesen« erkennen und unserer »Berufung« folgen. Wir müssen »unsere Träume leben« und den »tieferen Sinn« unseres Lebens finden. Dabei sollen wir aber ganz und gar »authentisch sein«, uns »voll entfalten« und uns »selbst verwirklichen«. Auf jeden Fall sollten wir achtsam sein, selbstreflektiert, kritikfähig und ausgesöhnt mit der eigenen Biografie. Jedes weitere Ratgeberbuch fügt dieser Liste noch weitere Aufgaben hinzu. Wenn du ein Buch über Positive Psychologie liest, wird dir vermittelt, dass du für dein Glück viele Flow-Erlebnisse brauchst. Wenn du ein esoterisches Buch liest, heißt es da womöglich, dass du gemäß deiner dir von der Weltordnung gegebenen Aufgabe leben solltest.

Die meisten dieser Begriffe sind so schwammig, dass wir noch nicht einmal wissen, wann wir das jeweilige Ziel erreicht haben. Aber das ist auch egal, denn es ist ja eh eine »lebenslange Aufgabe«. Auf jeden Fall müssen wir kräftig an uns arbeiten, um unsere Macken und »suboptimalen« Persönlichkeitsanteile endlich in den Griff zu kriegen. Wir werden nie fertig, unser innerer Wachstumsprozess endet wohl erst auf dem Sterbebett. Aber da sollten wir am besten gar nicht erst hinkommen, denn wir sollten »Alt werden, ohne alt zu sein« (so ein Buchtitel) und »Erfolgreich altern« (so ein noch verrückterer Buchtitel).

Das Prinzip hinter all diesem Tun und dieser Daueranstrengung ist immer das gleiche: So wie es jetzt ist, ist es nicht gut genug, und es muss noch besser werden. Es ist letztlich das Prinzip des Kapitalismus, der Wachstum braucht, um sich am Leben zu halten. Dieses Wirtschaftsprinzip haben wir in den letzten Jahrzehnten unmerklich auf uns selbst und auf unser inneres Erleben angewandt. In der Soziologie wird diese Bewegung als Optimierungs- und Selbstoptimierungskultur bezeichnet: der Trend hin zu einem immer perfekteren Leben.

Optimierung und Selbstoptimierung bedeuten vor allem, dass wir uns und unser Leben nach unseren eigenen Vorstellungen gestalten. Wir nehmen nicht an, was gegeben ist, sondern wir ändern das, was ist, so wie wir es gerne hätten.

»Geht nicht, gibt's nicht«, »Gedanken versetzen Berge«, »Man muss es nur genug wollen, dann kann man alles schaffen«, solche Sprüche sind heute in Managerkreisen, im Positiven Denken und in der Esoterikszene gleichermaßen selbstverständlich. Unter dem Titel »Beunstoppable« (zu deutsch: Sei nicht aufzuhalten!) startete die französische Mineralwasserfirma VOLVIC vor einiger Zeit eine Werbekampagne. Mit Mineralwasser aus der französischen Auvergne wird man zum, wie es in der Kampagne heißt, »Gipfelbezwinger«, »Ziel-Hoch-Setzer« und »Grenzen-Überwinder«. Die Suggestion lautet: Wir können alles erreichen, wenn wir nur wirklich wollen (und nicht vergessen, dabei das richtige Mineralwasser zu trinken). VOLVIC ist nicht blöd. Wir wären eben gerne Grenzen-Überwinder und Ziel-Hoch-Setzer, daher funktioniert die Werbung mit diesen Versprechen. Am liebsten würden wir jeden Bereich unseres Lebens ganz nach unserer Vorstellung gestalten, natürlich würden wir gerne mit unseren Gedanken Berge versetzen. Die Wissenschaft arbeitet dran, das Unmögliche doch möglich zu machen. Es dauert nicht mehr lange und die Eigenschaften unserer Kinder werden vor der Zeugung geplant und im Reagenzglas entsprechend zusammengefügt. Forscher denken mittlerweile immer lauter darüber nach, dass es uns bald möglich sein wird, die natürliche Alterung zumindest deutlich zu verlangsamen. Aber dabei soll es nicht bleiben, das unbescheidene Ziel ist das ewige Leben, und zwar nicht erst im fernen (und heute für die meisten Menschen nicht mehr vorhandenen) Himmel, sondern auf Erden. Während Menschen früher davon ausgingen, dass Gott eigentlich derjenige ist, der in dieser Welt waltet (»Der Mensch denkt, Gott lenkt«), glauben wir heute, dass wir es sind, die denken *und* lenken. Der israelische Geschichtswissenschaftler Yuval Noah Harari nannte sein neuestes Buch 2016 *Homo Deus* (frei übersetzt: »Der Mensch als Gott«) und beschreibt darin den Menschen, der gottgleich die Regeln des Lebens selber kontrolliert und sie so gestaltet, wie er sie gerne hätte. Wer mit welchen Genen geboren wird, welche Krankheiten sich entwickeln, wie lange das Leben dauert und wie es endet, das ist künftig nicht mehr in Gottes Hand, sondern wir sind zum Menschengott geworden, der über all das selbst entscheidet.

Auf der Suche nach dem Dauerglück

Als ich neulich in einem Erstgespräch mit einem Klienten über die Ziele der Therapie beriet, sprach ich davon, dass das Ziel der Therapie darin bestehen könne, zufriedener zu werden. Mein neuer Klient unterbrach mich und meinte: »Das wäre mir ehrlich gesagt zu wenig, ich will, dass es mir immer gut geht.« Die Reaktion meines Klienten ist nur ein Beispiel für einen großen Trend: Immer mehr Menschen suchen das Glück, und zwar nicht vorübergehend, sondern dauerhaft. Glücklich zu sein wird als Normalzustand verstanden, dementsprechend wird fehlendes Glück auch als Krankheit betrachtet. Wer früher »schlecht drauf« war, grad eine »schwierige Zeit« hatte oder in der »Midlifecrisis« feststeckte, der gilt heute schnell als depressiv. Wir wären am liebsten dauerglücklich, und wenn wir das nicht sind, müssen wir dringend etwas unternehmen, um glücklicher zu werden, schließlich sind die anderen ja auch scheinbar immer so gut drauf.

Wer sich darüber freut, sind zum einen die Verlage und Buchhändler, denn die Nachfrage nach Glücksratgebern hat in den letzten zehn Jahren massiv zugenommen. Die Versprechen sind groß: *Glück in 5 Tagen, Du hast dein Glück selber in der Hand, Warum Optimisten länger leben.* Doch führen diese Versprechen tatsächlich dazu, dass die Menschen glücklicher sind?

Wer sich ebenfalls über diese Glückssucht freut, ist die Pharmaindustrie, denn immer mehr Menschen auf der Suche nach dem Dauerglück sind bereit, Antidepressiva zu schlucken. Obwohl andere Psychopharmaka fast unverändert häufig verschrieben wurden, wurden im Jahr 2014 700 Prozent mehr Tagesdosen Antidepressiva verordnet als 1991. Der Trend setzt sich weiter fort. Unerwünschte Stimmungen werden immer seltener toleriert, sie sollen möglichst schnell wieder verschwinden, am besten für immer. Diese schwindende Toleranz unangenehmen Empfindungen gegenüber lässt sich in verschiedenen Bereichen beobachten: Wir wollen nicht nur möglichst durchgängig gute Laune haben, sondern auch nie Schmerzen haben, und selbst »Durchhänger« und »Frühjahrsmüdigkeit« sollen bitte möglichst schnell wieder verschwinden.

Die deutliche Zunahme von Antidepressiva im heimischen Medikamentenschrank und Glücksratgebern im Bücherregal zeigt vor allem auch, dass wir unser Glück nicht dem Zufall oder äußeren Ereignissen überlassen. Wir betrachten es heute als Folge unserer eigenen Handlungen und meinen, es selbst in der Hand zu haben, ob wir glücklich sind oder nicht. Das war nicht immer so. Glück wurde früher eher als eine etwas launenhafte Empfindung verstanden, die sich manchmal zeigt und manchmal auch nicht. »Glück ist wie ein Schmetterling, es kommt zu dir und fliegt davon, so wie ein bunter Luftballon, den man nicht halten kann«, sang

Nana Mouskouri 1977. Heute, 40 Jahre später lese ich im Internet: »Glück ist deine Entscheidung, du hast es in der Hand!« Was denn nun? Können wir es machen oder kriegen wir es geschenkt?

Die Wissenschaft gibt auf diese Frage eine klare Antwort: Je mehr wir uns anstrengen, das Glück zu suchen, umso unglücklicher werden wir. Schon vor zehn Jahren ergaben Studien zum Glücksunterricht an Schulen,[1] dass viele Schüler, die daran teilgenommen hatten, keineswegs glücklicher, sondern im Durchschnitt sogar unglücklicher geworden waren. Das viele Reden über Glück hatte wohl die Messlatte für gute Gefühle noch höher gehängt. Dieser paradoxe Effekt der Glückssuche gilt heute als gesichert.[2] Je mehr wir uns darum bemühen, das Glück zu suchen, je mehr verfehlen wir es. So hatten in einer umfangreichen Untersuchung Menschen, denen es besonders wichtig war, glücklich zu sein, erhöhte Depressionswerte.[3] Wenn Versuchspersonen vermittelt wurde, wie wichtig es ist, glücklich zu sein, reagierten sie anschließend auf positive Ereignisse mit weniger und nicht mit mehr Zufriedenheit.[4] Das bedeutet nicht, dass wir durch unser Verhalten und unser Denken nicht Einfluss darauf nehmen könnten, wie zufrieden wir letztlich sind. Aber wir sollten ganz sicher nicht ständig darüber nachdenken, wie glücklich wir uns gerade fühlen oder wodurch wir vielleicht noch glücklicher werden könnten. Und wir sollten nicht, sobald es uns mal nicht so gut geht, gleich irgendwas unternehmen, um unser Glückslevel wieder zu steigern. All die Glücksratgeber sind also mit Vorsicht zu genießen, denn: *Wer dem Glück hinterherrennt, läuft daran vorbei* – so der Titel eines Anti-Glücksratgebers von Russ Harris. Es war eben doch Nana Mouskouri, die mit ihrem »Glück ist wie ein Schmetterling« der Wahrheit recht nahekam.

Geht nicht, gibt's doch

»Geht nicht, gibt's nicht« war lange der Werbeslogan der Praktiker Bau- und Heimwerkermärkte, die die meisten von uns wahrscheinlich noch kennen. Mit den Produkten aus dem »Praktiker« sollte in Haus und Garten selbst das Unmögliche möglich werden. Doch im Sommer 2013 zeigte sich dann »Geht nicht, gibt's doch«, denn die Baumarktkette ging pleite. Da halfen auch all die Rabattaktionen der letzten Jahre nicht weiter, mit denen man das »Geht nicht, gibt's nicht« wohl erzwingen wollte. Diese Begebenheit ist sinnbildlich für den Widerspruch zwischen dem Wunsch von Menschen, das Leben nach den eigenen Wünschen zu gestalten, und der Realität, die da nicht unbedingt mitspielt.

Hinter »Geht nicht, gibt's nicht« verbirgt sich ein Wunschdenken, das mit der Realität oft nichts zu tun hat. So vieles, was Menschen gerne möchten, ist ihnen nicht möglich. Wir werden nicht 150 Jahre alt, wir bleiben auch nicht immer gesund oder gewinnen im Lotto, nur weil wir das wollen. Die Scheidungsquote liegt in Deutschland gegenwärtig bei etwa 40 Prozent. Selbst viele Paare, die kleine Kinder haben, trennen sich. Dabei wünscht sich fast jedes Paar wohl, ein liebevolles Verhältnis miteinander zu pflegen und zusammenzubleiben. Etwa jeder zehnte Deutsche unternimmt irgendwann in seinem Leben einen Suizidversuch. Jeder Hundertste verstirbt sogar daran. Sucht und Depression sind keine Seltenheit. Etwa zwei Millionen Menschen in Deutschland sind alkoholabhängig, jeder Vierte wird im Laufe seines Lebens depressiv und fast jeder Fünfte leidet unter chronischen Schmerzen. Dass Leid zum Leben dazugehört, ist eigentlich an jeder Ecke sichtbar, nicht nur in psychotherapeutischen Praxen.

Im Sommer 2016 verstarb die bekannte TV-Moderatorin

Miriam Pielhau an den Folgen ihrer Krebserkrankung. Sie hatte noch wenige Monate vor ihrem Tod in Interviews von einem Wunder gesprochen und berichtet, dass sie die Erkrankung überwunden habe. Zu der Zeit stellte sie auch ihr neues Buch *Dr. Hoffnung* vor, in dem sie ihren Genesungsweg beschrieb. Ihrer kleinen Tochter hatte sie kaum etwas von ihrer Erkrankung erzählt und sich ihr immer nur mit Perücke gezeigt. In ihrem Buch vertritt sie die These, dass durch Hoffnung und Imaginieren von Heilung eine Genesung von Krebs möglich sei. Auch Bärbel Mohr, die vielen durch ihren Bestseller *Bestellungen beim Universum* bekannt ist, verstarb 2010 an Krebs, nachdem sie zuvor viele Jahre in ihren Büchern und Seminaren vermittelt hatte, im Leben sei alles möglich, vorausgesetzt, der Wunsch dazu sei groß genug und komme von Herzen.

Zwei Beispiele für schwere Schicksale, die uns allen widerfahren können. Bärbel Mohr und Miriam Pielhau teilen ihr Schicksal mit Abertausenden anderer Menschen, die alle weder etwas falsch gemacht haben noch irgendeine Schuld daran haben, zu erkranken. An diesen Beispielen wird deutlich, dass wir nicht selten etwas ganz anderes bekommen, als wir uns wünschen, und auch, wie begrenzt unsere Einflussmöglichkeiten oft sind. Sie zeigen uns auch, wie sehr wir uns mehr Einfluss auf unser Leben erhoffen, wie schwer es ist, die Ohnmacht auszuhalten, und wie wir dazu neigen, uns die Realität zurechtzubiegen.

Dabei hat niemand von uns ein Anrecht auf Leben, auf Glück, auf eine zufriedene Partnerschaft, auf Frieden oder Erfolg. Wir haben noch nicht einmal ein Anrecht auf den nächsten Tag. Zehntausende von Menschen erwachen am nächsten Morgen nicht mehr. Klingt alles gar nicht lustig, ist aber irgendwie wahr.

Der schlechte Ruf der Annahme

In der Nähe meines Wohnortes befindet sich eine sehr angesehene Klinik, die auf dem Parkplatz und an anderen Orten Schilder mit Sprüchen aufgestellt hat, die wohl aufmuntern sollen. Gleich am Eingang zum Gelände liest man: »Niemals aufgeben!« In dieser Klinik kann sicher vielen Patienten gut geholfen werden, doch auch dort müssen sich manche mit ihrer Erkrankung und den Einschränkungen der Erkrankung abfinden, und auch dort wird gestorben – wie in jedem anderen Krankenhaus. »Never give up!« hilft jenen, die zu früh aufgeben würden und ihre Einflussmöglichkeiten auf die Situation ungenutzt verstreichen lassen. Wie aber geht es jemand, der eigentlich das Gegebene annehmen müsste, weil es einfach nicht mehr veränderbar ist, mit diesem Slogan? Folgt er ihm, so wird er weiter versuchen, gegen das Unveränderbare zu kämpfen. Wäre ihm damit geholfen? Wie wäre es, wenn er stattdessen seine Energie darauf verwenden würde, das Zugemutete zu tragen?

Neulich las ich in einer Todesanzeige: »Er hat die Hoffnung auf Heilung nie aufgegeben.« Was für die Angehörigen offensichtlich eine positive Eigenschaft ihres verstorbenen Familienmitglieds war, könnte bei genauerer Betrachtung auch eine Unfähigkeit sein, die Realität des bevorstehenden Todes anzuerkennen. Ich jedenfalls wünsche mir, dass ich, wenn es so weit ist, bereit bin, dem Tod ins Angesicht zu schauen, anstatt mich noch auf dem Sterbebett an unrealistischen Heilungsfantasien festzuhalten.

Doch Annahme und Akzeptanz haben in unserer Gesellschaft einen verdammt schlechten Ruf. Sie passen nicht zu unserer Kultur der Veränderung, Wachstum, Kontrolle und Selbstbestimmung. Annehmen wird vielfach als Aufgeben, als Resignation, sich alles gefallen lassen und Unterordnung verstanden. Das sind Eigenschaften, die niemand anziehend findet.

Die gesamtkulturelle Abwertung der Annahme habe ich selbst in meiner beruflichen Tätigkeit als Psychotherapeut erfahren. In meiner ersten Therapieausbildung als Verhaltenstherapeut kam das Wort »Annahme« quasi nicht vor, es ging immer nur um Veränderung. Der unerwünschte Ist-Zustand sollte in den erwünschten Soll-Zustand überführt werden, und zwar möglichst schnell, möglichst kostengünstig und möglichst »evidence-based«, also nach wissenschaftlich anerkannten Standards. Dass vor der Veränderung zunächst die Akzeptanz steht, hat uns junge Psychologiestudenten in den 1990er-Jahren niemand beigebracht. Es war die Zeit der »Lösungsorientierten Kurzzeittherapie«. Es sollte endlich Schluss sein mit der Problemfokussierung und der langen Dauer der Psychotherapie. Nun wurde versprochen, dass sich innerhalb allerkürzester Zeit, nämlich in wenigen Therapiestunden, Veränderungen einstellen, die sonst selbst in langjährigen Therapien nicht erreicht werden konnten.

Das ist schon eine Zeit lang her. Mittlerweile wurde die fehlende Bereitschaft zur Akzeptanz als Problem erkannt. Lösungsorientierung hat längst nicht mehr den besten Ruf, denn die Fokussierung auf die Lösung geht leider oft genug mit einer Beschwichtigung einher und einer fehlenden Bereitschaft, Schwierigkeiten wirklich anzuerkennen.

Annahme war und ist in wohl allen Kulturen stark mit einer spirituellen Ausrichtung verwoben. Wenn es einen Gott oder eine wie auch immer geartete Instanz gibt, die größer ist als wir selbst, dann ergibt sich die Hingabe an diese Instanz wie von selbst. Wenn eine solche Haltung in einer Religion als Wert vermittelt wird, bemühen sich Menschen eher darum, sie zu verwirklichen. Wenn sie dazu auch noch eine sinnhafte Deutung bietet wie den »unergründlichen Willen Gottes«, erleichtert das die Hingabe natürlich zusätzlich. Im Alten und Neuen Testament finden wir viele Stellen, in denen darum geht, sich dem Willen Gottes unterzuordnen. Bei Hiob (1,21) heißt es beispielsweise: »Der Herr hat's gegeben, der Herr hat's genommen; der Name des Herrn sei gelobt!« Das muss man erst mal hinkriegen, Gott dafür zu loben, dass er uns das Leben nicht nur gibt, sondern auch nimmt. Die meisten von uns würden doch wohl eher denken: Was ist das für ein Gott, der den Menschen die Endlichkeit aufgebrummt hat. Aber Gott sei Dank sind die Menschen ja pfiffig und sind gerade dabei, dem lieben Gott ein Schnippchen zu schlagen und den Gen-Code so zu verändern, dass es mit der raschen Endlichkeit unseres Lebens bald ein Ende hat.

Wir alle können uns diesem kulturellen Drang zu Kontrolle und Optimierung nicht entziehen. Nimm dir etwas Zeit, um herauszufinden, wie du dazu stehst. Sehr spannend und hilfreich ist es auch, mit deinem Partner, deiner Partnerin, einer Freundin oder einem anderen vertrauten Menschen über dieses Thema zu sprechen. Helfen können dabei folgende Fragen:

- Was denkst du über Annahme und Akzeptanz?
- Wie musst du dich verändern, um o.k. zu sein? Woran musst du noch arbeiten?
- Musst du immer glücklich sein? Wie bemühst du dich, Glück zu erreichen, und gelingt dir das?

Die Ablehnung hat ihren Preis

Wenn wir alles darauf ausrichten, immer maximal glücklich sein zu wollen – vor allem, wenn wir davon ausgehen, dass dazu alles unseren Vorstellungen entsprechen muss –, hat das eine paradoxe Wirkung. Wir erhoffen uns davon positive Folgen, nämlich in der völlig selbstbestimmten Gestaltung unseres Lebens mühelose Erfüllung zu finden. In Wirklichkeit kann aber genau das Gegenteil passieren, wir erschaffen uns neue Probleme und reiben uns auf in einem Kampf gegen das Unveränderbare.

Das Gesetz des Widerstandes

Das Gesetz des Widerstandes besagt: »Alles, was wir ablehnen, wird durch unsere ablehnende Haltung noch mächtiger.« Wenn wir gegen etwas kämpfen und es unbedingt anders haben wollen, dann erreichen wir leider oftmals eher das Gegenteil. Dieses Prinzip gilt in den unterschiedlichsten Bereichen, es ist längst nicht nur ein psychologisches Gesetz. Wenn wir etwa durch Antibiotika gefährliche Keime besiegen wollen, erschaffen wir stattdessen multiresistente Keime, die noch viel gefährlicher sind als die ursprünglichen. Wenn Länder aufrüsten, weil sie glauben, dadurch den Frieden bewahren zu können, ziehen die Gegner nach, und es werden immer mehr und immer gefährlichere Waffen entwickelt. Nach dem 11. September 2001 ist Amerika in den Krieg gegen Afghanistan und den Irak gezogen. Doch statt dass die Terrorgefahr gebannt wäre, hat sie massiv zugenommen. Den Taliban folgte der IS, Hunderttausende mussten flüchten, und der Terror, den wir in den westlichen Ländern erleben, hat zugenommen.

Auch innere Empfindungen klingen nicht ab, wenn wir sie bekämpfen, sondern sie werden ganz im Gegenteil sogar noch stärker. Dieses Phänomen ist umfangreich erforscht und zwar sowohl für unsere Gedanken wie auch für unsere Gefühle. Wenn wir einen Gedanken loswerden möchten und gegen ihn kämpfen, beispielsweise indem wir versuchen, ihn zu unterdrücken oder nicht an ihn zu denken, erhöhen wir nur die Wahrscheinlichkeit dafür, dass er da bleibt. Dieses Phänomen ist als White-Bear-Effekt in der Forschung bekannt[5] und durch Dutzende von Studien gesichert. Im deutschsprachigen Raum ist der rosa Elefant allerdings verbreiteter als der weiße Bär: Wer versucht, nicht an den rosa Elefanten zu denken, wird ihn nicht mehr los. Wem es hingegen egal ist, ob er an ihn denkt, der vergisst ihn sofort wieder. Gedanken, die wir gerne loswerden möchten, sollten wir daher nicht bekämpfen, sondern schlicht und ergreifend als Gedanken erkennen und nichts mit ihnen tun.

Sobald wir uns aber inhaltlich mit den Gedanken beschäftigen oder versuchen sie loszuwerden, sind wir schon in die

Falle gegangen und festigen sie eher, als dass wir uns von ihnen lösen könnten. Wenn wir nach einer Trennung versuchen, uns von unserem Partner weiter zu lösen, gelingt uns das nicht, indem wir sämtliche Gedanken und Gefühle an ihn beiseiteschieben. Es gelingt leichter, wenn wir die Gedanken wahrnehmen, sobald sie da sind. Man kann sich klarmachen: Offensichtlich bin ich noch mehr mit meinem Ex-Freund beschäftigt, als mir lieb ist.

Das Gleiche gilt für unsere Gefühle: Wenn wir versuchen, ein Gefühl wegzudrücken, bleibt es bestehen. Wer ärgerlich auf jemanden ist, den Ärger aber beiseite drückt und versucht, gute Miene zum bösen Spiel zu machen, der verstärkt den Ärger nur noch. Wer unter einer Angststörung leidet und versucht, seine Angst wegzudrücken, der hat nicht weniger Angst, sondern sogar noch mehr.[6] Entgegen der landläufigen Meinung werden wir Gefühle nicht los, indem wir sie ignorieren oder die Zähne zusammenbeißen. Gefühle klingen dann ab, wenn wir bereit sind, sie zu fühlen, und nicht, wenn wir mit ihnen nichts zu tun haben wollen. Wer seine Angst am Tage beiseite drückt, der braucht sich nicht zu wundern, wenn er nachts Albträume hat. Wer hingegen seine Angst fühlt, bei dem schwächt sie sich langsam ab.

Am Beispiel der Gefühle lässt sich gut zeigen, dass durch den Widerstand eigentlich alles nur noch schlimmer wird. Denn das Gefühl bleibt durch unseren Kampf nicht nur bestehen, sondern wir haben auch noch mit einer Menge Folgeproblemen zu kämpfen. Weggedrückte Gefühle äußern sich in körperlicher Anspannung, wir halten die Luft an, spüren einen Kloß im Hals oder eine Anspannung im Bauch. Der Sympathikus wird aktiviert, es kann zu innerer Unruhe, Nervosität oder Getrieben-Sein kommen. Dies kostet den Körper viel Energie und kann langfristig sogar zu psychosomatischen und körperlichen Erkrankungen führen.

Das Gesetz des Widerstandes gilt sogar für unsere Handlungen. Aus der Forschung rund um Mitgefühl wissen wir: Wer ein Verhalten gerne überwinden möchte, sollte bereit sein, dieses erst mal zu akzeptieren und nicht dagegen zu kämpfen. Wer sich dafür verurteilt, dass er gerne Süßigkeiten isst, der wird wahrscheinlich nicht weniger, sondern eher mehr Pralinen futtern. Wer sich dafür schämt, dass er raucht, wird sich schwertun, damit aufzuhören. Während die meisten Menschen denken, sie müssten gegen ein Verhalten kämpfen, um es zu überwinden, lernen wir aus der Forschung, dass der Weg genau der entgegengesetzte ist: Wenn wir unserem unerwünschten Verhalten eher freundlich begegnen und uns gleichzeitig dessen bewusst sind, was wir erreichen möchten, werden wir unserem Ziel am leichtesten näher kommen.[7]

Du kannst folgende kleine Übung ausprobieren, um zu spüren, welche Auswirkungen unser innerer Widerstand haben kann:

Suche eine unangenehme Empfindung in deinem Körper, die du gerade spürst. Vielleicht bist du müde oder nimmst irgendwo eine Anspannung wahr? Vielleicht spürst du gerade an einer Stelle deines Körpers einen Schmerz oder Unruhe oder Druck oder Enge?

Lass dir einen Moment Zeit, um eine solche Empfindung zu finden.

Nun schließe bitte kurz die Augen und nimm die Empfindung genau wahr. Spüre sie, ohne sie irgendwie zu verändern.

Hast du die Übung gemacht? Erinnere dich, wie sich die Empfindung angefühlt hat. Jetzt probiere eine zweite Variante aus: Bitte schließe noch mal die Augen und nimm die Empfindung nochmals wahr. Während du das tust, sage dir innerlich die folgenden oder ähnliche Sätze:

»Es ist schlimm, dass ich eine solche Empfindung habe.«
»Mit mir stimmt etwas nicht, wenn ich solch eine Empfindung habe.«
»Das sollte sofort aufhören. Ich muss was unternehmen, damit es aufhört.«

Bitte mach die Übung jetzt.

Was ist passiert? Bleibt die Empfindung gleich, wird sie schwächer oder stärker? Fühlt sie sich unangenehmer an oder wird die Empfindung neutral?

Wer diese Übung ausprobiert hat, schildert oft, dass durch verurteilende Gedanken alles nur noch schlimmer geworden ist und sich die Empfindung noch unangenehmer angefühlt hat. Wir verstärken durch unsere kritischen Kommentare also das, wovon wir uns eigentlich lösen möchten. Wir füttern unseren inneren Feind und durchschauen gar nicht, dass wir durch unseren Widerstand unsere Probleme nur noch verstärken.

Leid = Schmerz + Widerstand

Oft werden die Begriffe Schmerz und Leid benutzt, um den Unterschied zwischen der natürlichen, emotionalen Reaktion auf ein Ereignis und dem inneren Widerstand in Bezug auf ein Ereignis zu verdeutlichen. Wer seine Lieblingstasse fallen lässt und zusehen muss, wie sie in tausend Teile zerbricht, der ist natürlicherweise traurig darüber, das ist der ursprüngliche Schmerz. Wenn er sich nun auch noch dafür verurteilt (»Wie kann man nur so blöd sein, das ist jetzt aber wieder typisch.«), tritt der Ärger auf sich selber hinzu. Das ist das selbst verursachte zusätzliche Leid. Während Schmerz auf natürliche Art und Weise mit dem Ereignis verbunden ist, entsteht das Leid erst durch den Kampf dagegen. Wir könnten auch vom natürlichen Schmerz und vom selbst verursachten Schmerz sprechen. Das sind Begriffe, die ich öfter verwende. Meinen Klienten erzähle ich manchmal auch von der »Zugabe«, die wir dem, was eigentlich schwierig ist, hinzufügen.

Die Unterscheidung zwischen natürlichem und selbst verursachtem Schmerz ist von großer Bedeutung, wenn wir eine zustimmende Grundhaltung kultivieren wollen. Wir sind deutlich motivierter, eine Situation anzunehmen, wenn wir wissen, dass durch unseren Widerstand alles bloß noch schlimmer werden würde. Wer sich diese Tatsache immer wieder vor Augen führt und den Preis des Widerstandes schon des Öfteren am eigenen Leib zu spüren bekommen hat, der ist eher bereit, damit aufzuhören.

Psychologen sprechen auch vom »Vermeidungsleid«. Wenn wir einer unangenehmen Empfindung aus dem Weg gehen, beschert uns das zwar kurzfristig eine Erleichterung, weil das Unangenehme nicht mehr im Fokus steht. Längerfristig erzeugt es aber nur noch stärkeres Leid. Wer sich abends einsam fühlt und regelmäßig ein paar Bier trinkt, um die Einsamkeit etwas abzumildern, der ist nach ein paar Jahren nicht nur weiterhin einsam, sondern auch noch alkoholabhängig. Höchstwahrscheinlich wird sich das Empfinden von Isolation, also der ursprüngliche Schmerz, dadurch langfristig noch verstärken.

Insofern gilt: Wer Angst vor größeren Menschenansammlungen hat, der muss nicht ständig samstags in der Fußgängerzone herumlaufen. Es wäre ihm aber zu wünschen, dass er sich hin und wieder trotzdem Gruppen von Menschen aussetzt. Denn wenn er sich mehr und mehr von anderen Menschen zurückzieht, wird seine Angst nicht schwächer, sondern immer stärker.

Viele psychische Erkrankungen sind ein symptomatischer Ausdruck dieser Art von »Vermeidungsleid«. Das gilt wie im oben beschriebenen Beispiel für Suchterkrankungen, aber auch hinter Depressionen stecken oft über viele Jahre unterdrückte Gefühle; Zwangsstörungen entstehen, weil Menschen sich mit bestimmten Ängsten nicht konfrontieren wollen. In allen Fällen wirkt also die Ablehnung dessen, was ist.

Durch inneren Widerstand entstehen Krankheiten nicht nur, sie werden auch aufrechterhalten oder verstärken sich, wenn gegen sie gekämpft wird. Das ist für viele psychische Erkrankungen wie Essstörungen, Angststörungen und Depressionen belegt, und auch für noch schwerere wie die Psychosen. Was passiert, ist Folgendes: Wer seine Krankheit nicht annehmen kann, empfindet oft Scham und verurteilt sich selbst dafür. Um sich davor wiederum zu schützen, wird mit Rückzug reagiert, was längerfristig nicht selten soziale Isolation bewirkt. Da fällt es schwer, sich auf die benötigte Hilfe einzulassen. Man findet es beispielsweise zu beschämend, zum Psychotherapeuten zu gehen. Auch Anzeichen einer Verschlechterung werden beiseite gedrückt, weil sie an die beschämende Krankheit erinnern.

Während ich an diesem Buch arbeitete, rief der amerikanische Präsident den nationalen Notstand aus, weil es immer mehr Drogentote in den USA gibt. Man schätzt, dass in den USA etwa 60 000 Menschen pro Jahr an Drogen sterben, die Rate liegt bei 20 Toten pro 100 000 Einwohner, fast 15-mal mehr als in Deutschland. Doch nicht nur die Zahl der Drogentoten steigt, auch immer mehr Menschen sind von Schmerzmitteln abhängig. 2016 haben etwa 20 Prozent der amerikanischen Bevölkerung Schmerzmittel verschrieben bekommen. Diese Entwicklung hat vielfältige Gründe, einer ist sicherlich, dass die Menschen immer weniger Toleranz gegenüber unangenehmen Empfindungen haben und deutlich schneller als früher zu Schmerzmitteln oder Psychopharmaka greifen, und manchmal eben auch zu illegalen Drogen.

Auch im »ganz normalen Alltag« können wir Formen von Widerstand beobachten. Natürlich erwische auch ich mich manchmal dabei, dass ich möglichen unangenehmen Gefühlen und Körperreaktionen ausweiche. Beispielsweise öffne ich gelegentlich E-Mails nicht, wenn ich befürchte, dass sie einen unerwünschten Inhalt haben. Auch Briefe vom Finanzamt oder vom Steuerberater können bei mir schon mal ein paar Tage rumliegen, bevor ich mir eines Morgens sage, dass das ja auch nichts ändert, und ich sie schließlich öffne. Der Preis dafür ist hoch: Die Mail beschäftigt mich innerlich, obwohl ich sie noch gar nicht geöffnet habe. Manchmal vergesse ich sie sogar ganz, nicht aber der, der sie geschickt hat. Also meldet er sich noch mal bei mir und ich muss mich für die immer noch ausstehende Antwort entschuldigen. Und nicht selten kommt es vor, dass die Mail gar nicht den befürchteten Inhalt enthält.

Jahrelang habe ich gegen den Winter angekämpft, ein Kampf, der offensichtlich ziemlich aussichtslos ist. Ich wollte keinen Winter, es sollte nicht kalt und dunkel sein, ich wollte weiterhin die Wärme und das Tageslicht genießen. Deswegen flog ich öfter in den Süden. Dort war es schön warm, aber als ich zurückkam, fühlten sich Kälte und Dunkelheit umso schlimmer an. Irgendwann hab ich beschlossen, damit aufzuhören, und seither kann ich den Winter sogar genießen. Er ist zwar immer noch nicht meine Lieblingsjahreszeit, aber ich finde vieles am Winter wunderschön und würde gar nicht mehr auf die Idee kommen, in den Süden zu fliegen.

Eine Bekannte von mir liebt Katzen und hätte liebend gerne selbst eine. Sie hat aber große Angst davor, dass die Katze irgendwann sterben wird, weshalb sie sich keine anschaffen möchte. Aus Angst vor dem Schmerz über den Tod des Tieres verpasst sie die Bereicherung und Freude, die ihr eine Katze schenken könnte.

Die bisher erwähnten Beispiele beziehen sich vor allem auf die Vermeidung von unerwünschten Empfindungen. Es gibt aber durchaus auch das Phänomen, dass angenehme Empfindungen vermieden werden, weil sie aus irgendeinem Grund einen unangenehmen Beigeschmack haben. Das kann zum Beispiel daran liegen, dass schöne Gefühle in der Kindheit negativ bewertet wurden. Wer oft »Freu dich ja nicht zu früh«, »Hochmut kommt vor dem Fall« oder »Dir geht's wohl zu gut« gehört hat, der kann sich nicht so leicht freudvollen Empfindungen öffnen.

Auch wenn es nicht so offensichtlich wirkt, auch das Beiseitedrücken von angenehmen Empfindungen erzeugt natürlich Leid. Man ist abgeschnitten von der Freude, dem Genuss und der Zufriedenheit. Entweder werden sie gar nicht zugelassen oder schon nach kurzer Zeit mit anderen Empfindungen überdeckt.

Jeder von uns versucht, bestimmte Empfindungen und damit auch gewisse Situationen und Handlungen zu vermeiden.

Fallen dir dazu Beispiele ein? Wo vermeidest du in deinem Leben Gefühle? Welchen Situationen und Empfindungen gehst du aus dem Weg?

Betrachte dich möglichst ehrlich und verurteile dich nicht für solche Vermeidungsversuche.

Ineffektives Handeln

Wenn wir etwas nicht akzeptieren, hat das natürlich Auswirkungen auf unsere Handlungen. Sie werden oft ineffektiv und dienen nicht unseren wirklichen Bedürfnissen und Wünschen. Von dem amerikanischen Psychotherapeuten Kirk Strosahl stammt der Satz: »Konzentriere dich auf das, was du steuern und verändern kannst und akzeptiere den Rest.«[8] Es klingt so naheliegend: das zu ändern, was man ändern kann, und das zu akzeptieren, was man nicht ändern kann. Die Logik dahinter ist einleuchtend, das hält uns aber nicht davon ab, diese Logik oft genug zu ignorieren und uns entgegengesetzt zu verhalten! Denn auch dann, wenn etwas unveränderbar ist, bedeutet das noch lange nicht, dass wir nicht doch versuchen, es zu ändern.

Es gibt Extrembeispiele wie etwa Michael Jackson, der

mit über hundert Operationen seine Hautfarbe und sein Aussehen ändern wollte und als künstliches Maskengesicht endete. Aber auch viele weitverbreitete Handlungen dienen letztlich dem Nicht-Wahrhaben-Wollen dessen, was ist: Wer sich auf einer Wanderung ganz offensichtlich verlaufen hat, der macht alles nur noch schlimmer, wenn er sich den Fehler nicht eingestehen möchte und deshalb einfach weiterläuft. Wer eigentlich längst an seiner Belastungsgrenze angekommen ist und immer weiterarbeitet, der muss sich zwar vorübergehend die eigene Schwäche nicht eingestehen, gefährdet dafür aber seine Gesundheit. Wer als Angehöriger zahllose medizinische Maßnahmen veranlasst, weil er es nicht aushält, dass ein Familienmitglied bald sterben wird, der muss Angst und Trauer zunächst nicht spüren, aber sein Familienmitglied macht er dadurch nicht wieder gesund. Die Liste solcher ineffektiven Verhaltensweisen ist sehr lang und beliebig fortzusetzen.

Vielleicht fällt dir spontan eine Verhaltensweise von dir ein, mit der du versuchst, etwas zu verändern, was unveränderlich ist.

Neulich habe ich in einer Achtsamkeitsgruppe die Teilnehmer gebeten, bis zum nächsten Termin die Motivationen ihrer Handlungen genauer zu erkunden. Viele der Teilnehmenden berichteten in der nächsten Woche, dass sie schockiert waren, weil sie festgestellt hatten, dass ein großer Teil ihrer Handlungen eigentlich dazu diente, etwas anderes zu vermeiden, also letztlich Folge eines inneren Widerstandes waren.

In einigen Bereichen ist es ganz offensichtlich, dass wir nichts verändern können. Wir können die Vergangenheit nicht anders machen als sie ist, daher verschwenden wir nur Energie, wenn wir uns immer wieder mit dem Damals beschäftigen. Und doch geht es uns manchmal so, dass wir eine vergangene Situation nicht loslassen können und ständig an sie denken. Wir können auf den Charakter anderer Menschen kaum oder nur sehr bedingt Einfluss nehmen. Trotzdem versuchen viele, ihren Partner oder ihre Partnerin so zu verändern, wie sie ihn oder er sie gerne hätte – und dies, obwohl zumindest in langjährigen Beziehungen beide eigentlich längst wissen, wie veränderungsresistent der andere ist. Aber es wäre so schön, er oder sie wäre verständnisvoller, zuverlässiger, einfühlsamer, ruhiger, lebendiger, kommunikativer, emotionaler und so weiter.

Jedoch sind nicht nur andere Menschen änderungsresistent, auch bei uns selbst sieht es nicht anders aus. Das Projekt »Ich werde ein anderer Mensch« ist leider zum Scheitern verurteilt. Konkrete Verhaltensweisen mögen wir noch ändern können. Wer aufbrausend ist, kann durchaus etwas tun, um geduldiger und weniger impulsiv zu werden. Aber unseren Charakter ändern wir nicht. Wir werden nicht plötzlich ein geselliger Mensch, nur weil wir glauben, so sein zu müssen. Wer sehr ängstlich ist und gerne zweifelt und zögert, der wird nicht irgendwann zu spontanen und klaren Entscheidungen neigen.

Während mangelnde Akzeptanz sich in den vorangegangenen Beispielen vor allen in Aktionismus äußert, gibt es auch eine Variante, in der sich Nicht-Akzeptanz in Nicht-Handeln übersetzt. Wer nicht bereit ist, seine Schulden anzuerkennen, der öffnet irgendwann die Mahnschreiben nicht mehr. Wer sich einen Konflikt mit einem Familienmitglied nicht eingestehen will, der bemüht sich nicht um eine Klärung der Meinungsverschiedenheit. Er tut wahrscheinlich eher so, als sei nichts, oder versucht sich die Situation schönzureden. Es gibt sehr viele solcher Beispiele, und jeder von uns hat sie sicher schon erlebt.

In den meisten Fällen können wir eine Situation nicht annehmen und fallen dann in ineffektives Handeln, wenn wir bestimmte Gefühle nicht aushalten und sie verändern möchten. Da das vorübergehend sogar funktioniert, werden wir kurzfristig für unser Verhalten sogar belohnt. Auch wenn sich die Situation nicht ändern lässt, können wir über unser Handeln auf unsere Empfindungen Einfluss nehmen. Wir handeln und fühlen uns besser, doch manchmal folgen wir dabei nicht unseren eigentlichen Werten und Bedürfnissen.

Bernd und Sandra wünschen sich schon länger ein Kind, Sandra ist inzwischen 41 Jahre alt und das Paar wird von Torschlusspanik heimgesucht. Sie beschäftigen sich viel mit der Frage, ob sie sich auf eine künstliche Befruchtung einlassen sollen. Bernd ist dafür, Sandra ist eher skeptisch. Nach langem Hin und Her entscheiden beide schließlich, es doch zu probieren. Leider verlaufen die Versuche erfolglos. Die Ärzte raten aufgrund von Sandras Alter und medizinischer Faktoren von weiteren Versuchen ab, sie halten es für fast aussichtslos, dass Sandra schwanger wird. Daher sind sie auch nicht bereit, das Paar weiter zu unterstützen. Doch Bernd und Sandra suchen sich eine andere Praxis und lassen schließlich noch vier weitere künstliche Befruchtungen vornehmen, die alle scheitern. Am Ende dieser fast vierjährigen Prozedur, die das Paar psychisch und finanziell an den Rand des Erträglichen gebracht haben, erkennen beide, dass sie den Empfehlungen der Ärzte hätten folgen sollen, statt sich für weitere Versuche zu entscheiden. Ihnen wird deutlich, dass sie durch ihr Handeln die Hoffnung nähren wollten, um den Schmerz der Kinderlosigkeit nicht fühlen zu müssen. Es war einfach zu schrecklich, sich eingestehen zu müssen: Wir werden keine Kinder bekommen und werden nie Vater und Mutter werden.

Wenn wir versuchen, etwas zu verändern, was letztlich unveränderbar ist, hat das ungünstige Folgen, wie zum Beispiel Resignation, die oft fälschlich als Folge (oder Synonym) von Akzeptanz verstanden wird, dabei ist sie die Folge des Widerstandes. Wenn man wie Bernd und Sandra seine ganze Energie in die Verwirklichung eines Wunsches steckt und dabei scheitert, entsteht die Überzeugung, nichts bewirken zu können. Wer aber dem, was ist, zustimmt, kann gar nicht resignieren, da Resignation die Folge andauernder erfolgloser Veränderungsbemühungen ist. Wer immer wieder versucht, das Unveränderbare zu verändern, der ist irgendwann mal mit seiner Kraft am Ende und gibt schließlich resigniert auf. Wir sind einfach zu lange gegen eine Wand gelaufen, die sich keinen Millimeter bewegt. Wenn wir Unveränderbares verändern wollen, geraten wir oft in einen Teufelskreis: Wir strengen uns an, scheitern zwangsläufig, weil die angestrebte Veränderung nicht in unserer Macht steht, und statt daraus zu folgern, dass wir unsere Bemühungen einstellen sollten, strengen wir uns noch mehr an. Doch woher wissen wir, wann wir die Bemühungen einstellen sollten? Immer dann, wenn eine Handlung zwanghaft wird, wir zum Erfolg verurteilt sind und alles andere regelrechte Panik in uns auslöst. Wem die Akzeptanz dessen, was ist, schwerfällt, wird daher zwangsläufig in einen Erschöpfungszustand kommen. Wer mit dem Strom schwimmt, hat es leicht, wer dagegen schwimmt, kommt oft kaum von der Stelle und das, obwohl er sich so ungemein angestrengt hat.

Wir haben in diesem und im letzten Kapitel gesehen, wie hoch der Preis des Widerstandes ist und dass er letztlich sogar zwecklos ist. Es gibt viele gute Gründe, mehr Akzeptanz in unseren Alltag zu bringen und uns mehr im Strom des Lebens treiben zu lassen. Erkunden wir also genauer, was Akzeptanz eigentlich genau bedeutet.

Was ist Annahme?

Nehmen, was gegeben ist

Unsere Begriffe »Annahme« und »Akzeptanz« gehen auf den lateinischen Begriff accipere zurück, was so viel bedeutet wie »nehmen, was gegeben ist« oder »empfangen« oder »sich geben lassen«. Manchmal wird auch von Widerstandslosigkeit gesprochen, weil wir nicht gegen das, was passiert, ankämpfen. Die lateinischen Herleitungen hören sich wunderschön an, als würde es darum gehen, wunderbare Dinge entgegenzunehmen. Nur stehen diese »Geschenke« aber längst nicht immer auf unserer Wunschliste, es gibt auch solche, auf die wir liebend gerne verzichten. Annehmen oder Akzeptieren bedeutet also »Ja« zu allem zu sagen, was das Leben für uns bereithält, sei es angenehm oder unangenehm.

In der neueren psychologischen Literatur wird teilweise nicht von Annahme gesprochen, sondern von Bereitschaft oder Bereitwilligkeit. Diese Begriffe benutzt z.B. ACT, die Acceptance and Commitment Therapie, eine der modernen Therapiemethoden, die sich besonders darum bemüht, ihren Klienten zu helfen, den Kampf gegen sich und das Leben zu beenden. Ich habe die Erfahrung gemacht, dass Worte wie Annahme oder Hingabe inneren Stress erzeugen können. Es sind sehr wünschenswerte Ideale, von denen wir uns oft weit entfernt fühlen. In den Begriffen »Bereitschaft« oder »Bereitwilligkeit« wird deutlich, dass wir durchaus eine Bewertung für das Gegebene haben, aber trotzdem die innere Bereitschaft besitzen, uns diesem zuzuwenden. Eine Tochter ist beispielsweise bereit, die Wohnung der verstorbenen Mutter zu entrümpeln. Sie tut das, obwohl sie weiß, dass viele, auch unangenehme Erinnerungen hochkommen werden. Kurz hat sie überlegt, ob sie es ihrer Schwester überlassen oder eine Firma beauftragen soll. Doch schließlich entscheidet sie, vor den Erinnerungen und dem Schmerz über den Tod der Mutter nicht davonzulaufen. Bereitwilligkeit bedeutet überhaupt nicht, dass etwas leicht oder unproblematisch wird. Es ist vielmehr die Fähigkeit, sich dieser Herausforderung zu stellen.

Im Prozess des Annehmens können wir verschiedene Stufen unterscheiden:

Widerstand
↘
Anerkennen
↘
Annahme
↘
Hingabe

Wenn überhaupt keine Akzeptanz vorhanden ist, kommt es zu innerem Widerstand, Kampf, Ablehnung, Verurteilung und Anklage. Ein erster Schritt in Richtung Annahme besteht darin, eine Situation oder eine Eigenschaft überhaupt wahrzunehmen und anzuerkennen; sich einzugestehen, dass etwas ist, wie es ist, auch wenn man es ganz und gar nicht gut findet. Hier existiert noch kein inneres Ja, sondern eher ein Nein, aber man ist zumindest bereit, ehrlich hinzuschauen, und das ist bereits ein großer und wichtiger Schritt. Nehmen wir noch mal das Beispiel eines Menschen, der verschuldet ist. Es hilft ihm nichts, seine Schulden zu ignorieren und die Briefe mit den Mahnungen und Zahlungsaufforderungen nicht mehr zu öffnen. Dadurch wird alles nur noch schlimmer. Vielleicht verurteilt er sich dafür, dass er die Schulden gemacht hat (»Ich bin so ein absoluter Idiot, wie konnte ich mir nur so viel Geld leihen.«) oder er klagt die Bank an (»Die hätten mir nie das Geld geben dürfen.«) oder gleich die ganze Gesellschaft (»Ich hab die Schulden, weil unsere Gesellschaft so ungerecht ist und ich so wenig verdiene.«). Erst wenn er bereit ist, seine Verschuldung anzuerkennen, hat er die Möglichkeit, mit der Bank zu sprechen oder sich bei einer Schuldnerberatungsstelle Hilfe zu holen.

Wenn aus dem verurteilenden Nein ein vorsichtiges Ja wird, verwandelt sich das oberflächliche Anerkennen in eine vertiefte Form des Annehmens. Aus einem inneren Kampf entstehen Verständnis, Mitgefühl und Freundlichkeit. Wer mit Schulden zu kämpfen hat, hört auf, sich dafür zu verurteilen. Er ist vielmehr in der Lage nüchtern zu sehen, wie es dazu kam. Er nimmt dann beispielsweise wahr, dass er die Arbeitslosigkeit ja gar nicht vorhersehen konnte, die ihn vielleicht in die Situation der Überschuldung gebracht hat.

Unsere Akzeptanz kann sogar Lebenssituationen einschließen, die uns zunächst fast unerträglich erscheinen. Viele Menschen, die in ihrem Leben eine schwere Krankheit oder einen großen Schicksalsschlag erlitten haben, durften die unglaubliche Erfahrung machen, dass sich die Wirklichkeit veränderte, als ihnen dieses »Ja« gelang. Wer dem unzumutbar Erscheinenden zustimmen kann, dem ist es möglich, trotz des Schicksalsschlags weiterzuleben, und sogar Zufriedenheit zu empfinden. Immer wieder gibt es eindrückliche Schilderungen von Menschen, denen solche Schicksalsschläge wiederfahren sind, und denen Annahme möglich wurde. Sie zeigen uns, dass die Fähigkeit zur Akzeptanz mit den Herausforderungen wachsen kann. Ein beeindruckendes Beispiel stammt von Arnold Beisser, einem bekannten amerikanischen Psychotherapeuten, der mit 25 Jahren an Kinderlähmung erkrankte und in der Folge fast vollständig gelähmt war. In seinem Erfahrungsbericht *Flying without Wings* schrieb er:

> *Als ich aufhörte zu kämpfen und an einer Änderung zu arbeiten, als ich Wege fand anzunehmen, wie ich bereits geworden war, entdeckte ich, dass ich mich gerade dadurch veränderte. Anstatt mich behindert oder unzulänglich zu fühlen, wie ich befürchtet hatte, fühlte ich mich wieder ganz. Ich erlebte ein Wohlbefinden und eine Fülle, die ich zuvor nicht gekannt hatte.*[9]

Da kann jemand »fliegen ohne Flügel«, und zwar nicht weil er nach dem Motto »Niemals aufgeben!« gegen die Krankheit gekämpft hat, sondern weil er fähig war, gerade *damit* aufzuhören.

Als letzter Schritt im Stufenmodell kommt es zu einer Zustimmung zu allem, was ist, egal ob angenehm und gewünscht oder unangenehm. Alles darf sein, wie es ist, und die innere Haltung ist von Offenheit und Freundlichkeit geprägt. Der spirituelle Begriff der Hingabe beschreibt diese Stufe am besten.

Annahme bedeutet also nicht, dass ich eine Situation gut finde oder mich über sie freue. Es bedeutet lediglich, dass das, was ist, zunächst einfach so sein darf, wie es ist. Ich muss beispielsweise nicht gut finden, dass ich schlechte Zähne habe und immer wieder zu unangenehmen Behandlungen zum Zahnarzt muss. Ich muss auch nicht gut finden, dass mein Arbeitskollege mehr Geld verdient als ich, obwohl er nicht sehr engagiert arbeitet. Aber ich bin in der Lage zu sagen: Es ist so, wie es ist, und ich kann das akzeptieren.

Wirkliche Annahme bezieht sich immer auf die *ganze* Situation, auf alles, was gerade im Außen und was in mir stattfindet. Wenn ich versuche, den Stau anzunehmen, in den ich gerade gefahren bin, dann bedeutet Annahme nicht nur, sich zu sagen: »Ich nehme jetzt den Stau an, der Stau darf sein!« Annahme würde vielmehr bedeuten, *alles* anzunehmen, was sich gerade zeigt. Dazu gehört, dass sich mein Auto nicht mehr fortbewegt, aber auch mein Ärger über die Situation oder meine Angst davor, zu der vereinbarten Verabredung zu spät zu kommen. Erst wenn all das gefühlt wird, kann der Ärger abklingen und sich mehr Gelassenheit ausbreiten.

Ich habe selber eine Weile gebraucht, bis ich wirklich verstanden habe, dass es immer darum geht, *alles* anzunehmen, was sich gerade zeigt. Wenn ich zum Beispiel ärgerlich auf einen Klienten war, dann verstand ich früher Annahme so, dass ich ihm gegenüber annehmend sein sollte. Also sagte ich mir Sätze wie »Er darf so sein, wie er ist.« Oder ich rief mir angenehme Seiten des Klienten in Erinnerung, um zu einer akzeptierenden Haltung zurückfinden zu können. Irgendwann begriff ich, dass sich Annahme auch auf meine eigenen Empfindungen bezieht. Wenn ich ärgerlich auf meinen Klienten bin, dann besteht der erste Schritt der Annahme darin, diesen Ärger anzunehmen!

Widerstand oder Nicht-Akzeptanz fühlt sich meistens hart und angestrengt an. Oft ist dabei auch unser Körper angespannt und der Kopf voller kritischer Gedanken. Annahme hingegen fühlt sich eher weich und fließend an. Wenn aus Nicht-Annahme eine zustimmende Haltung wird, geht dies mit einer körperlichen Entspannung einher. Als ob jemand, der stundenlang einen schweren Koffer getragen hat, ihn nun endlich abstellen kann. Er atmet auf, reibt sich die verkrampften Hände und man merkt förmlich, wie er eine Last losgeworden ist. Annahme führt auch dazu, dass unser Geist ruhiger und stiller wird. Der innere Kampf verursacht mentalen Lärm, der abklingt, wenn wir einer Situation zustimmen können.

Die vielen Herausforderungen der Annahme

Unser Alltag ist voll von Situationen und Empfindungen, die es anzunehmen gilt. Jeden Tag passieren kleine Widrigkeiten und Unannehmlichkeiten, die wir uns nicht wünschen. Da wacht man vielleicht mit einem verspannten Nacken auf oder ist ein bisschen kränklich, beim Bäcker sind die Lieblingscroissants ausgegangen, man hat sich auf einen sonnigen Tag gefreut, aber der Hochnebel hält sich auch um 14 Uhr noch zäh, beim Hausaufgabenmachen wird der elfjährige Sohn bockig und es kommt zu einer kleinen Streiterei. Vielleicht erscheinen dir diese Beispiele lächerlich und unbedeutend, aber Annahme beginnt genau hier. Wenn wir üben, die kleinen Dinge anzunehmen, fällt es uns bei den großen Zumutungen des Lebens leichter. Denn wie sollen wir in der Lage sein, die großen Zumutungen anzunehmen, wenn es uns noch nicht einmal gelingt: »Ja« zum schlechten Wetter zu sagen?

Ein sehr großes Feld, um eine annehmende Haltung einzuüben, sind wir selbst. Wir mit all unseren Eigenschaften. Wie reagierst du, wenn du auf dem Weg zur Arbeit von der Polizei geblitzt wirst? Schaffst du es, dich zunächst über deinen Fahrstil zu ärgern, ohne dich dafür zu verurteilen und den ganzen Tag schlechte Laune zu haben? Weitere »Übungsmöglichkeiten« für unsere Fähigkeit zur Akzeptanz sind andere Menschen und unsere Lebenssituation. Und schließlich gibt es noch die Schicksalsschläge, die uns widerfahren können.

Jedem Menschen stellen sich andere Herausforderungen. Ich habe einmal Teilnehmende eines Achtsamkeitstrainings gebeten, aufzuschreiben, welche Herausforderungen es in ihrem Leben gibt, die sie anzunehmen versuchen. Hier drei ganz persönliche Beispiele von Kerstin, Sibylle und Thomas:

Kerstin, 52 Jahre

- Ich bin Single, aber wünsche mir eigentlich einen Partner.
- Ich habe keine Kinder bekommen, obwohl ich sie mir sehr gewünscht habe.
- Mein Kollege bei der Arbeit ist sehr oft krank und ich muss dann seine Arbeit mit übernehmen.
- Ich bekomme mehrmals im Jahr eine Blasenentzündung. Ich habe schon alles Mögliche ausprobiert, aber die Entzündungen kommen immer wieder.
- Der Innenhof an meinem Haus ist gerade im Sommer sehr laut, sodass ich nicht gut schlafen kann.
- Mein Vater ist halb dement und lässt sich nur von mir und meinen Geschwistern helfen. Er war früher schon herrisch und unfreundlich, mit dem Alter hat das noch zugenommen.

Sibylle, 38 Jahre

- Meine Wohnung ist einfach zu klein, aber ich finde keine andere und muss dort wohl erst mal wohnen bleiben.
- Ich war zwei Mal in meinem Leben schwer depressiv und irgendwie schäme ich mich dafür.
- Mein Freund arbeitet viel und hat wenig Zeit, sich mit mir zu treffen.
- Meine Lehre im kaufmännischen Bereich habe ich letztlich meinen Eltern zuliebe gemacht. Ich bereue das immer mehr.

Thomas, 67 Jahre

- Ich habe mit 64 Prostatakrebs bekommen. Der Krebs ist zwar abgeheilt, aber ich habe weiterhin ein hohes Risiko und auch Angst davor, wieder krank zu werden.
- Mein Sohn nimmt Drogen und war schon mehrmals in einer Therapieeinrichtung. Vor einigen Jahren hat er den Kontakt zu mir abgebrochen.
- Seit der Erkrankung bin ich irgendwie weniger leistungsfähig. Ich bin schnell erschöpft und oft müde.

Kerstin, Sibylle und Thomas sind nur drei Beispiele. Sie zeigen, wie verschieden die Herausforderungen von Mensch zu Mensch sind. Die Aufgaben in deinem Leben sind sicher teilweise ganz andere, vielleicht gibt es auch Ähnlichkeiten.

Ich möchte dich zu einer Übung einladen. Nimm dir Zeit, um herauszufinden, was es in deinem Leben anzunehmen gilt. Manche Punkte sind dir sicher sofort klar, andere werden erst nach und nach deutlich, wenn du dich intensiver damit beschäftigst. Ich schlage vor, dass du dafür ein leeres Blatt ins Buch legst und dort deine Notizen machst. Wichtig ist, dass du immer, wenn dir etwas einfällt, die Liste ergänzt. Wir brauchen sie später, wenn wir uns damit beschäftigen, was es uns leichter macht, unser Leben anzunehmen.

Der Akzeptanz-Modus

In den vorausgegangenen Kapiteln war schon öfter die Rede davon, wie schwierig es ist, eine annehmenden Haltung zu entwickeln. Das ist eigentlich aber nur die halbe Wahrheit. Auch wenn uns eine annehmende Haltung nicht auf Anhieb gelingt, so ist die Fähigkeit dazu in uns allen angelegt. Menschen sind anpassungsfähig und grundsätzlich in der Lage, auf Veränderungen zu reagieren. Annahme ist keine Eigenschaft, die wir uns mühsam erwerben müssen, es ist nicht wie beim Erlernen einer Fremdsprache. Wer etwa Japanisch lernen möchte, der versteht am Anfang wahrscheinlich kein Wort, und sprechen kann er auch keines. Er muss sich diese neue Fähigkeit von Grund auf aneignen. Akzeptanz hingegen ist in uns angelegt, wir kommen damit schon auf die Welt und müssen nur etwas dafür tun, damit sich diese Fähigkeit entfalten kann. Gott sei Dank müssen wir nicht Japanisch lernen.

Jedes Lebewesen ist zu einer annehmenden Haltung in der Lage, denn um zu überleben, muss es bereit sein, sich auf neue Situationen einzustellen und auch mit Widrigkeiten des Lebens zurechtzukommen. Ein Organismus, der sich nicht an neue Situationen anpassen und Herausforderungen meistern kann, ist nicht überlebensfähig. Menschen haben im Laufe von Hunderttausenden von Jahren gelernt, sich an neue Lebensumstände anzupassen, Verluste zu bewältigen, mit Einschränkungen weiterzuleben oder mit Widrigkeiten zurecht zu kommen. Wir sind meist nicht auf ewig verzweifelt, wenn ein geliebter Mensch verstorben ist, sondern können uns nach einer Trauerzeit wieder für Neues öffnen. Diese Fähigkeit zur Trauer, die uns letztlich die Akzeptanz des Verlustes ermöglicht, ist in uns angelegt. Wenn wir uns ihr nicht in den Weg stellen, sondern bereit sind, die Trauer zuzulassen, geschieht die Akzeptanz einer auf den ersten Blick unerträglichen Situation nach einer gewissen Zeit auf eine natürliche Art und Weise.

Wir kennen wohl alle die dunklen Stunden unseres Lebens, in denen wir mit schwierigen Situationen und Lebensumstände hadern und daran verzweifeln. Und wir kennen die Zeiten, in denen wir innerlich zu fast allem »Ja« sagen können, sogar zu Situationen, die wir uns freiwillig nie ausgesucht hätten und die uns ganz schön zu schaffen machen. Viele Menschen, die harte Schicksalsschläge durchlitten haben, berichten von massiven Schwankungen ihrer inneren Haltung, die zwischen Annahme und Anklage hin- und herpendelt. Phasen von tiefster Verzweiflung wechseln sich ab mit Zeiten voller Lebenswillen und neuen Mutes.

Wir sind nicht alle gleich gut in der Lage, den verschiedenen Lebensumständen, die uns im Laufe eines Lebens begegnen, zuzustimmen. Diese Fähigkeit hängt auch von der jeweiligen Persönlichkeit ab. Damit ist unsere individuelle Charakterstruktur gemeint, mit der wir entweder schon auf die Welt gekommen sind oder die sich in den prägenden, frühen Lebensjahren entwickelt hat. Oft gelingt Frauen eine annehmende Haltung leichter als Männern. Männer sind zumeist mehr auf Tatkraft konditioniert, Frauen auf Verstehen und Empathie. Es gibt außerdem auch Unterschiede zwischen verschiedenen Generationen. Mir scheint, die heutige junge Generation tut sich mit dem Kultivieren einer annehmenden Haltung oft bedeutend schwerer als frühere Generationen. Es ist auch bekannt, dass sich das Lebensalter eines Menschen auf die Fähigkeit zur Entwicklung einer annehmenden Haltung auswirkt. Ältere Menschen berichten oft, dass es ihnen mit zunehmendem Alter immer besser gelingt, dem Leben mit allen Licht- und allen Schattenseiten zuzustimmen.

Es geht um die Gefühle

Jede Situation und jedes Ereignis, die es zu akzeptieren gilt, ist mit einer oder mehreren unangenehmen Emotionen verbunden. Wenn die nicht vorhanden sind, kann die Situation problemlos angenommen werden. Auch wenn es uns so scheint, dass wir äußere Umstände annehmen müssten, so geht es letztlich doch darum, die Gefühle zu akzeptieren, die durch das äußere Ereignis verursacht wurden. Es sieht daher nur so aus, als ob die anzunehmenden Herausforderungen im Außen liegen, in Wirklichkeit aber sind es unsere Empfindungen.

Ist beispielsweise ein geliebter Mensch verstorben, so kann der Verlust nur dann akzeptiert werden, wenn wir zuvor die schon erwähnte Trauer annehmen. Es gibt keine Abkürzung, keine Umleitung, es geht nur durch die Trauer hindurch. Trauer kommt meistens in Wellen. Wenn wir bereit sind, uns diesen Wellen hinzugeben, also den Schmerz über den Verlust des geliebten Menschen tatsächlich zu fühlen, dann ebbt die Trauer nach einigen Monaten, einem Jahr oder etwas länger immer weiter ab. Wenn wir hingegen versuchen, die Trauer beiseite zu drücken, beispielsweise indem wir uns ablenken, werden wir sie nicht los, sondern bleiben stattdessen eher noch drauf sitzen. Fachleute nennen das dann chronische oder pathologische Trauer, die nicht selten sogar zur Depression wird.

Untersuchungen zeigen uns, dass unangenehme Gefühle abklingen, wenn wir bereit sind, sie zu fühlen. Ignorieren wir jedoch schmerzhafte Empfindungen, bleiben jene Hirnareale aktiv, die für die Wahrnehmung dieser Empfindungen zuständig sind. Unser Gehirn ist quasi wie ein Wecker: Wird er gehört, können wir ihn abschalten, ignorieren wir ihn hingegen, klingelt er unentwegt weiter.[10] Doch unser automatischer Impuls bei unangenehmen Gefühlen ist meistens: »Nix wie weg!«. Das ist uns auch kulturell vermittelt worden, unangenehme Empfindungen sollen möglichst schnell wieder verschwinden. In früheren Generationen haben Eltern versucht, ihre Kinder abzulenken und »auf andere Gedanken zu bringen«, wenn sie traurig waren oder Angst hatten. Doch das funktioniert nicht. Auch wenn es unbequem ist: Der Weg zu möglichst wenig unangenehmen Empfindungen ist zunächst kontraintuitiv: Wir müssen uns den unerwünschten Empfindungen zuwenden, wenn wir uns wünschen, dass sie wieder abklingen. In einer Zeit, in der wir am liebsten immer »gute Gefühle« hätten, ist es nicht so naheliegend stattdessen »gut zu fühlen«. Doch das Leid ist vorprogrammiert, wenn wir uns davor drücken. Wer seine Gefühle nicht fühlen will, der tut sich mit der Akzeptanz des Gegebenen zwangsläufig schwer.

Akzeptanz und Handeln

Eines der größten Missverständnisse, die es zur Akzeptanz gibt, ist die Gleichsetzung mit Passivität oder Resignation: Wer akzeptiert, der liefert sich aus, der versucht gar nicht erst, das Schlimme zu ändern, der hat längst kapituliert. Dies ist auch einer der Gründe für den schlechten Ruf, den Annahme bei manchen Menschen hat. Dabei meint Akzeptanz überhaupt nicht, nichts an der gegenwärtigen Situation zu ändern und passiv in ihr zu verharren. Es wird nur zunächst nichts verändert, sondern erst einmal das anerkannt und angenommen, was ist. In einem späteren Schritt kann dann durchaus eine Handlung folgen, und oft ist diese zielführender, weil sie nicht einem inneren Kampf entspringt.

Durch unser Handeln können wir manche Situationen so verändern, dass es nichts mehr anzunehmen gibt. Wenn ich durch den Regen laufe, obwohl ich meinen Regenschirm dabei habe, dann sollte ich nicht annehmen, dass ich langsam klitschnass werde, sondern ich sollte den Regenschirm aufspannen. Wenn ich mich in einer beruflichen Belastungssituation befinde, während eine Kollegin noch Kapazitäten frei hat, dann sollte ich nicht annehmen, dass ich einfach viel zu viel zu tun habe, sondern ich sollte meinen Mut zusammennehmen und meine Kollegin um ihre Mithilfe bitten. Es gibt viele Situationen, die auf eine ganz einfache Art verändert werden könnten, wenn wir uns nur trauen würden und frei genug denken, damit uns die Lösungen überhaupt einfallen.

Manchmal können wir durch unser Handeln eine schwierige Situation etwas leichter machen. Die Situation bleibt zwar eine Herausforderung, aber wir haben die Möglichkeit, sie etwas abzumildern. Wer als Single darunter leidet, dass er viel alleine ist und niemanden hat, mit dem er oder sie in die Ferien fahren kann, der sollte nicht auf Ferien verzichten, sondern sich eher überlegen, ob nicht eine Gruppenreise infrage käme oder wo man auch als Alleinreisender schöne Ferien verbringen kann.

Manche Situationen aber sind, wie sie sind. Wir sind ihnen ohnmächtig ausgeliefert und können sie nicht verändern: Ein geliebter Mensch stirbt, wir verlieren unseren Arbeitsplatz, die Partnerschaft geht in die Brüche oder wir leiden unter einer chronischen Erkrankung. In all diesen Situationen bleibt uns nichts anderes übrig, als die Situation so anzunehmen, wie sie ist, und uns darum zu kümmern, dass wir auf eine möglichst gute Art mit ihr zurechtkommen. Dieses Annehmen des Unveränderlichen wird manchmal auch als »radikale Akzeptanz« bezeichnet. Ich finde diesen Begriff nicht ganz passend, denn Akzeptanz kann nicht radikal sein, sondern ist schlicht Akzeptanz. Genauso wie Liebe nicht radikal sein kann, sondern einfach Liebe ist. Gemeint ist jedenfalls, sämtliche Impulse zum Verändern zu unterlassen, weil sich die Situation nicht verändern lässt und jede Handlung in diese Richtung Energievergeudung wäre.

Wir können diese Gegebenheiten also ganz, teilweise oder gar nicht beeinflussen. Die große Kunst besteht nun darin zu unterscheiden, ob Handeln in der gegebenen Situation tatsächlich sinnvoll ist oder unterlassen werden sollte, weil es nichts bewirken kann. Mit dieser Frage werden wir uns noch an mehreren Stellen in diesem Buch beschäftigen.

Doch egal, wie groß unsere Einflussmöglichkeiten sind, wir tun uns selbst einen Gefallen, wenn wir zunächst einmal bereit sind, das anzuerkennen, was ist, und ihm möglichst wenig Widerstand entgegenzubringen. Daher ist das sehr bekannte Gelassenheitsgebet, das dem US-amerikanischen Theologen Reinhold Niebuhr zugeschrieben wird, auch nicht ganz korrekt. Es lautet:

Gott, gib mir die Gelassenheit, Dinge anzunehmen, die ich nicht ändern kann, den Mut, Dinge zu ändern, die ich ändern kann, und die Weisheit, das eine vom anderen zu unterscheiden.

Es wird unterschieden zwischen all dem, was man nicht ändern kann und deshalb annehmen sollte, und jenem, was man ändern kann und deshalb nicht annehmen muss. Doch eigentlich wäre es wünschenswert, wenn wir im ersten Schritt allem, was ist, möglichst mit einer annehmenden Haltung begegnen. Ich nenne diesen ersten Schritt den Zunächst-Schritt. Er besteht darin, *zunächst* einmal Ja zu sagen zu dem, was geschieht. Ja zum Stau, wenn ich nun mal drinstecke, Ja zu meiner Ungeduld, auch wenn ich sie gerne ändern würde, und Ja zum Dauerregen, auch wenn ich mir wünsche, dass die Sonne scheint.

Schauen wir uns diesen Zunächst-Schritt am Beispiel der eigenen Ungeduld genauer an. Wenn ich mir wünsche, geduldiger mit meinen Kindern zu sein und sie nicht anzuschreien, dann kann ich durchaus etwas dafür tun. Ich kann erkunden, warum ich ungeduldig werde. Meistens verbergen sich unter der Ungeduld andere Gefühle wie etwa Angst, zu spät zu kommen, oder das Tagespensum nicht zu schaffen. Ich kann lernen, achtsam diese Gefühle wahrzunehmen und zu spüren, wie sie langsam in mir hochkochen. Doch das wird mir nur gelingen, wenn ich zunächst einmal freundlich mit mir umgehe und ja zu der Situation sage. Würde ich mich und die Situation verurteilen (»Wie kann man nur so ungeduldig sein und so mit den eigenen Kindern umgehen, das ist doch das Letzte.«), so würde mir die Veränderung nicht erleichtert, sondern sogar noch erschwert. Annahme ist also immer der Zunächst-Schritt, und danach kommt dann in jenen Situationen, auf die ich Einfluss nehmen kann, der Veränderungs-Schritt.

In unserer heutigen Zeit, in der alles schnell und am besten sofort geschehen soll, verweilen wir oft zu kurz in dem Zunächst-Schritt. Wir lieben heute die Veränderung, wir wollen das Leben nach unseren Vorstellungen gestalten. Das war früher ganz anders. Über viele Generationen waren die Menschen eher zur Anpassung und Unterordnung bereit, oft vielleicht auch zu lange. Unheilsame Situationen wurden lange ertragen. Auch hängt es von unserer Persönlichkeit ab, ob wir dazu neigen, schnell zu handeln oder eher passiv zu bleiben.

Nimm dir einige Momente Zeit, um herauszufinden, ob du eher der Typ »Sofort handeln« bist oder vielleicht eher zur Gruppe der »Zu-lange-Wartenden« gehörst. Oder gelingt es dir, einen guten Mittelweg zu finden?

Mit dem Willen allein geht es nicht

Viele Menschen sind der Überzeugung, dass man sich bewusst für eine annehmende Haltung entscheiden kann. Wer erkannt hat, so die Vorstellung dahinter, dass er von solch einer Haltung profitiert, der kann bewusst die Entscheidung treffen, in Zukunft allem mit Akzeptanz zu begegnen. Doch so funktioniert es leider nicht. Eine annehmende Haltung ist nicht das Ergebnis einer Entscheidung. Sie stellt sich ein, wenn wir den Widerstand loslassen. Es ist daher wenig sinnvoll, an Menschen zu appellieren, mehr Akzeptanz an den Tag zu legen, auch wenn wir das im Alltag oft tun.

Neulich erzählte mir eine Klientin, dass ihr Umfeld nach dem Tod ihres Mannes zunächst sehr verständnisvoll gewesen sei. Man habe ihr gesagt, es sei nachvollziehbar, dass es ihr nicht gut gehe, sie schlecht schlafe oder so viel über ihren Mann spreche. Doch nach etwa einem Dreivierteljahr habe sich diese Haltung verändert. Nun sagten die Freunde und Familienangehörigen, sie müsse den Tod ihres Mannes nun langsam akzeptieren. »Er ist doch schon so lange unter der Erde«, hieß es und »davon, dass du trauerst, wird er auch nicht wieder lebendig.« Im Beratungsgespräch fragte sie mich nun etwas verwirrt: »Ich weiß ja, dass ich annehmen muss, aber wie mach ich das nur?«

Ich erzählte ihr, dass wir Annahme nicht »machen« können, sondern sie sich vielmehr einstellt, wenn die Bedingungen dafür geschaffen sind. Und dass solche Tipps, wie sie sie bekommen hatte, nicht weiterhelfen. Sie bewirken nämlich nicht mehr Akzeptanz, sondern eher das Gegenteil: Selbstverurteilung. Wer versucht anzunehmen und nicht weiß, wie das gelingen kann, wird zwangsläufig scheitern und gibt sich anschließend oft selbst die Schuld dafür: »Ich weiß doch, dass es mir besser gehen würde, wenn ich das endlich annehmen würde. Warum mache ich es dann nicht? Ich bin doch selber schuld, wenn es mir nicht gut geht.«

Selbst in Psychotherapien oder Beratungssituationen sind Klienten manchmal mit dem Tipp konfrontiert, dass sie die veränderte Lebenssituation, den Verlust, die Einschränkung oder was es sei, doch einfach annehmen sollten. Dabei müssten Therapeuten wissen, dass es nicht ganz so einfach ist. Wäre Annahme das Ergebnis einer Entscheidung, dann hätte meine Klientin ebenso wie viele andere Menschen ja längst all das Schwierige in ihrem Leben akzeptiert.

Daher also die unbequeme Erkenntnis: Wir können uns weder zur Annahme entscheiden noch sie durch eine bestimmte Technik herbeiführen. Annahme ist eher wie ein Geschenk zu verstehen, aber nicht in dem Sinne, dass jemand Glück hat und das Geschenk bekommt und ein anderer hat Pech und geht leer aus. Ob uns eine annehmende Haltung gelingt, hängt vielmehr von bestimmten Bedingungen ab, die die Wahrscheinlichkeit erhöhen, dass uns die Beendigung des inneren Kampfes möglich wird. Mit diesen Faktoren werden wir uns im Kapitel *Die Hindernisse auf dem Weg zu mehr Annahme* beschäftigen.

Annahme tut uns gut

In zahlreichen Untersuchungen haben sich Wissenschaftler mit der Frage beschäftigt, was geschieht, wenn wir eine annehmende Haltung hinsichtlich äußerer Gegebenheiten oder innerer Empfindungen entwickeln. Ich stelle hier einige Studien aus verschiedenen Bereichen vor.

In einer interessanten Studie, die mittlerweile fast 20 Jahre alt ist, wurde untersucht, wie sich eine annehmende Haltung auf die Bereitschaft auswirkt, mit Schmerzen umzugehen.[11] Versuchspersonen sollten dabei ihre Hand in ein Grad kaltes Eiswasser tauchen. Während die eine Gruppe der Studienteilnehmer Strategien zur Kontrolle von Empfindungen lernte, erhielt die andere Gruppe ein Training dafür, um mit unangenehmen Empfindungen umzugehen. Die Gruppe, die versuchte, ihre Empfindungen zu kontrollieren, zog im Durchschnitt nach drei Minuten die Hand aus dem Eiswasser. Die andere Gruppe hingegen zog sie erst nach vier Minuten wieder heraus. Nun ist das Leben kein eiskaltes Wasser, aber es ist in manchem doch vergleichbar, denn auch im Alltag begegnen uns immer wieder sehr unangenehme Empfindungen. Wer eine annehmende Haltung hat, der kann – wenn es denn notwendig sein sollte – besser mit unangenehmen Empfindungen umgehen.

Das zeigt sich auch in Studien, die untersuchten, wie ältere Menschen mit den Einschränkungen des Alters zurechtkommen. Dabei wurde die Lebensqualität von älteren Menschen erforscht, die in Altersheimen leben oder auf Unterstützung zu Hause angewiesen sind. Bei jenen Menschen, die mit allem uneins waren, nahm die Lebensqualität deutlich ab, wenn es zu Einschränkungen kam, sie sich also beispielsweise nicht mehr selbstständig fortbewegen konnten oder Hilfe bei Alltagstätigkeiten brauchten. Jene älteren Menschen hingegen, die zu Annahme in der Lage waren, konnten ihre Lebensqualität trotz Abnahme der eigenen Leistungsfähigkeit bewahren.[12]

Wird innerhalb einer Gesellschaft einer zustimmenden Haltung keine große Bedeutung beigemessen, sind Probleme vorprogrammiert: Spätestens, wenn es im Alter darum geht, sich schrittweise von Fähigkeiten und Lebensmöglichkeiten zu verabschieden, können Menschen, die sich dagegen auflehnen, in Krisen geraten. Altersdepressionen beispielsweise werden in einer solchen Gesellschaft zwangsläufig zunehmen.

Bei der folgenden Studie aus dem Psychiatriebereich schien das Annehmen zunächst eine ungünstige Wirkung zu haben, stellte sich dann aber als sehr hilfreich heraus: Menschen, die an einer Schizophrenie litten, wurden geschult, ihre Symptome wie etwa Stimmenhören anzunehmen, statt gegen sie zu kämpfen. Eine Kontrollgruppe nahm nicht an diesem Training teil. Anschließend berichteten die Teilnehmenden des Trainings von mehr psychotischen Symptomen, beispielsweise schilderten sie, öfter Stimmen zu hören. Es wäre naheliegend zu denken, die Studie sei gründlich schiefgelaufen, schließlich kann das Ziel ja nicht darin bestehen, dass Betroffene hinterher mehr Symptome haben. Doch die Forscher untersuchten auch, wie oft die Betroffenen wieder in schwere Krisen gerieten und stationär aufgenommen werden mussten. Das beeindruckende Ergebnis: Wer am Training teilgenommen hatte, berichtete zwar von mehr Symptomen, musste aber nur ein Viertel mal so oft in die Klinik zurück wie die Kontrollgruppe. Offensichtlich konnte die Annahme-Gruppe deutlich besser mit den Symptomen umgehen, sodass es gar nicht erst zu schweren Krisen kam.[13]

Ähnliche Ergebnisse zeigten sich bei Gefängnisinsassen. Wer von diesen an einem Achtsamkeitstraining teilgenommen hatte, schilderte zwar mehr Scham- und Schuldgefühle, nach der Entlassung kam es bei ihnen jedoch seltener zu weiteren Straftaten.[14]

Selbst das Risiko einer psychischen Erkrankung reduziert sich, wenn man fähig ist, der eigenen Lebenssituation zuzustimmen. In einer Untersuchung führten über 200 Probanden ein Tagebuch, in dem sie notierten, wie sie mit stressigen Umständen umgingen. Wer eine annehmende Haltung gegenüber den eigenen Empfindungen hatte, bei dem zeigten sich deutlich weniger oft Anzeichen für eine Depression oder für eine Angstproblematik.[15]

Die Studien zeigen uns: Wer zur Akzeptanz in der Lage ist, kommt mit den Widrigkeiten des Lebens besser zurecht. Daher entscheidet Akzeptanz darüber, ob uns die Herausforderungen umhauen und in die Nähe einer Krise bringen, oder ob wir ihnen standhalten können; und zwar nicht mit zusammengebissenen Zähnen, sondern mit einer achtsamen Haltung, die offen ist für alle Empfindungen, die auftauchen.

Was es anzunehmen gilt

Das Leben macht es uns nicht immer leicht, es gibt zahlreiche Herausforderungen, die uns widerfahren können und die es anzunehmen gilt. Doch die gute Nachricht ist: Es gibt auch Geschenke, die das Leben für uns bereithält. Wir müssen also nicht nur die Herausforderungen annehmen, sondern dürfen ebenso die Geschenke akzeptieren! Mit beidem werden wir uns in diesem Kapitel beschäftigen. Und auch damit, was wir gerade *nicht* annehmen müssen, nämlich das, was gar nicht wahr ist und nicht der Wirklichkeit entspricht. Denn oft genug ist unser Leid selbst gemacht, und das sollten wir nicht annehmen, sondern als solches enttarnen.

Keine Fake-News

In den letzten Jahren haben wir leider zunehmend ein Vermischen von Wahrheit und Fiktion erlebt – auf politischer Ebene und auch auf gesellschaftlicher. Viele erinnern sich sicher an die Amtseinführung von Donald Trump im Januar 2017 und an die anschließende Diskussion, ob nun bei dieser Zeremonie rekordverdächtig wenige Menschen oder rekordverdächtig viele Menschen anwesend waren. Die Wahrheit war auf zahlreichen Fotos eindeutig zu erkennen: Es gab leere Ränge im Zuschauerbereich und auch die Straßen waren deutlich leerer als bei vorherigen Amtseinführungen. Darüber hinaus veröffentlichten die Washingtoner Verkehrsbetriebe Zahlen über die verkauften Tickets an jenem Tag, und diese waren deutlich niedriger als an dem Tag, als Barack Obama vereidigt wurde. Diese Tatsache hielt Kellyanne Conways, die Sprecherin des amerikanischen Präsidenten, jedoch nicht davon ab, in einem Interview vom größten Publikum zu sprechen, das jemals einer Amtseinführung beigewohnt habe. Als Journalisten sie auf den offensichtlichen Widerspruch aufmerksam machten, behauptete sie, es gäbe »alternative Fakten«. Dieser Begriff wurde später in Deutschland und auch in Österreich zum Unwort des Jahres 2017 gekürt.

Wir alle reden manchmal die Realität schön, wenn es auch meist nicht so offensichtlich ist. Die Tatsache von der Fiktion zu unterscheiden, wird aber erst dann richtig schwierig, wenn es um unsere Gedanken geht. Denn in der Welt unseres Geistes wimmelt es nur so von Falschmeldungen und Lügengeschichten. Unser Verstand engagiert sich sehr, die Wirklichkeit nach seinen eigenen Vorstellungen zu gestalten. Er spiegelt oft nicht die Wirklichkeit wider, wie sie tatsächlich ist, sondern so, wie er sie interpretiert. Ereignisse werden durch die Brille bisheriger Erfahrungen betrachtet, werden vergessen, überbewertet oder sogar völlig verfälscht. Das, was wir wahrnehmen, ist immer eine Mischung aus Science und Fiktion, aus Wirklichkeit und Interpretation.

Das lässt sich ganz einfach mit einem kleinen Experiment verdeutlichen. Lies bitte die folgenden Sätze:

Diseen Staz kasnnt du leesn ohbwol fsat alle Wröter Ufung snid. Kien Wrot gbit es und tortzedm wiesst du was ich miene. Uternsuchnugen zieegn, dsas wir Wröetr sochn ekernnen wnen der estre und der ltzete Bachstube simmten. Was ich sochn iemmr segan wellto: Du bsit enie bödle Khu!

Höchstwahrscheinlich konntest du diese Sätze ohne größere Schwierigkeiten lesen. Dein Verstand musste sich aber den Buchstabensalat auf der Suche nach bekannten Mustern ganz schön zurechtbiegen, denn von den 52 Worten gibt es 38 so gar nicht. Das nenne ich echte Science Fiction! Unser Gehirn ist durch die Evolution darauf getrimmt, in allem, was wir wahrnehmen, nach Vertrautem zu suchen und es entsprechend einzuordnen. Anderes nimmt es häufig gar nicht wahr.

Auch kann unser Gehirn nicht gut zwischen tatsächlich Erfahrenem und nur Vorgestelltem unterscheiden. Unser Organismus reagiert auf die bloße Vorstellung, in eine Zitrone zu beißen, genauso mit der Anregung des Speichelflusses, als würde man tatsächlich hineinbeißen. Und zwar auch dann, wenn wir uns klar machen, dass die Zitrone gar nicht wirklich da ist. Das ist der Grund, warum unsere Gedanken eine so große Macht haben und warum wir unseren Gedanken meistens nicht trauen können. Sie gaukeln uns vielfach eine Wirklichkeit vor, die so gar nicht existiert. Unser Geist ist wie ein Drehbuchautor, der ein Drehbuch für einen neuen Film schreibt. Wenn der Film dann fertig ist und er ihn erstmals sieht, hat er aber meist vergessen, dass er sich die Geschichte selber ausgedacht hat. Er fürchtet sich dann vor selbst erfundenen Ganoven oder hält die selbst erschaffenen Größenfantasien für real. Es gibt genug Studien, die zeigen, dass die Vergangenheit nicht so abgelaufen ist, wie wir sie in Erinnerung haben. Das kann man auch daran sehen, dass manche Geschwister die Zeit ihrer Kindheit so unterschiedlich schildern, dass man sich fragt, ob sie tatsächlich in der gleichen Familie aufgewachsen sind.

Wir erfinden eine angebliche Wirklichkeit mit Überzeugungen über uns selbst, über das Leben und über andere Menschen, wie zum Beispiel:

Ich bin ....
... ehrlich,
... ein Versager,
... ein Nichtsnutz,
... ein toller Liebhaber,
... ein glücklicher Mensch,
... ein unglücklicher Mensch.

Die Welt/das Leben ...
... ist mir wohl gesonnen,
... ist gefährlich,
... ist hart und man darf sich nicht unterkriegen lassen.

Die anderen ...
... sind gefährlich und wollen mir schaden,
... brauche ich, um zu überleben, denn allein schaffe ich das nicht,
... wollen mit mir nichts zu tun haben.

Wir sprechen uns diese Sätze nicht ständig vor. Wenn wir uns jedoch genauer damit beschäftigen, was wir so über uns selbst und das Leben denken, dann stoßen wir auf solche Überzeugungen, die unsere Sicht der Dinge oft erstaunlich gut treffen. Diese Gedanken über uns selbst eignen wir uns schon in der Kindheit an oder sammeln sie aufgrund unserer

Erfahrungen im Laufe des Lebens. Viele dieser Überzeugungen stimmen natürlich nicht. Sie sind Schlussfolgerungen, die wir aus einzelnen Erfahrungen gezogen haben, oder Botschaften, die wir von Menschen vermittelt bekommen haben, die uns wichtig waren.

Wo kommt hier nun die Annahme ins Spiel? All diese Gedanken oder Glaubenssätze brauchen wir **nicht** anzunehmen. Es reicht, sie als Fake News zu erkennen. Wenn mein unruhiger Geist mir an einem einsamen Abend zuflüstert: »Keiner liebt mich!«, und ich mich in der Folge bedrückt fühle, dann geht es nicht darum, anzunehmen, dass mich keiner liebt. Ich sollte mir vielmehr klarmachen, dass mein Verstand ein unkontrolliertes Eigenleben führt und mir seine etwas verquere Sicht der Dinge als Wahrheit verkaufen will. Wenn ich dann auch noch freundlich mit mir reden kann (»Ich habe gute Freunde, ich bin gar nicht allein, aber ich fühle mich im Moment so ungeliebt und das tut ganz schön weh.«), fühlt sich die Welt schon ganz anders an. Wer glaubt, die Erde sei eine platte Scheibe und in kein Boot einsteigt, weil er sich davor fürchtet, am Horizont in die Tiefe zu stürzen, der sollte nicht seine Angst akzeptieren, sondern sich klar machen, was für einen Unfug er da denkt.

Im zweiten Kapitel haben wir uns mit dem natürlichen Schmerz und dem selbst verursachten Leid beschäftigt. Während der Schmerz natürlicherweise aus einer Situation hervorgeht (zum Beispiel die Enttäuschung, den Traumjob nicht bekommen zu haben) wird das Leid zusätzlich von uns erschaffen (zum Beispiel durch die Selbstverurteilung dafür, dass man den Job nicht bekommen hat). Annehmen müssen wir natürlich nur den Schmerz, nicht unsere Zugabe. Das ist eine ziemlich gute Nachricht, denn in sehr vielen Fällen wird eine Situation erst durch unsere unabsichtliche Zugabe zu einem Problem. Wirkliche Probleme gibt es gar nicht so viele, die meisten vermeintlichen Probleme entstehen durch die Bewertung, die wir dazugeben. Wenn Klienten nur in die Psychotherapie kämen, wenn sie einen natürlichen Schmerz hätten, dann könnten 90 Prozent aller Psychotherapiepraxen sofort schließen.

Ein sehr schönes Beispiel dazu stammt von Eckhart Tolle, einem zeitgenössischen spirituellen Lehrer. Er nutzt das Wetter, um diesen Prozess zu verdeutlichen:

»Da sagt jemand: Ist es nicht schreckliches Wetter heute?
Wie kann das Wetter schrecklich sein?
Das Wetter ist, wie es ist.
Das ›schrecklich‹ tue ich dazu.
Und dann fühle ich mich schrecklich.«[16]

Annehmen müssen wir das Wetter, so wie es ist. Vielleicht regnet es, vielleicht scheint die Sonne oder es stürmt. Aber die Bewertung »schrecklich« fügen wir hinzu und erzeugen damit eine emotionale Qualität. Eine Situation ist erst mal einfach nur so, wie sie ist, und an sich neutral. Erst durch unsere innere Reaktion, wenn wir beispielsweise mit einem »So will ich es aber nicht haben« reagieren, entstehen Probleme. Das Problem liegt nie in der Situation an sich, sondern in unserer Bewertung der Situation. Unsere Empfindungen, zum Beispiel das Gefühl, ärgerlich zu sein, entsteht nicht durch eine Situation, sondern durch unsere gedankliche Interpretation der Situation.

Es gilt also, Tatsachen anzunehmen – und nicht die gedanklichen Interpretationen. Bewertungen brauchen wir nicht zu glauben. Sie können schlicht und ergreifend als Gedanken erkannt und losgelassen werden. Die Überzeugung »Ich bin ein Versager« brauchen wir nicht akzeptieren, weil sie Blödsinn ist. Wenn ich aber einen neuen Job nicht bekomme, obwohl ich mich sehr dafür engagiert habe, dann muss ich das natürlich sehr wohl annehmen, denn es handelt sich um eine Tatsache. Eine Tatsache, die begreiflicherweise Enttäuschung hervorruft, und diese sollte ich mir erlauben, zuzulassen und zu fühlen.

Neulich erzählte eine Teilnehmerin in einem Seminar, es sei für sie sehr schwierig anzunehmen, dass sie ihren Kindern offensichtlich nicht genug Stabilität vermittelt habe. Ihrer älteren Tochter ginge es gerade gar nicht gut, sie habe schrecklichen Liebeskummer und ihr Sohn sei vor Kurzem sehr verzweifelt gewesen, weil er einen Studienplatz nicht bekommen habe. Offensichtlich habe sie ihren Kindern nicht genug innere Gelassenheit vermittelt, sonst würden sie doch nicht in solche Krisenstimmungen kommen. Annahme, so dachte sie, würde nun bedeuten, sich damit abzufinden, dass sie als Mutter versagt hätte. Der Liebeskummer der Tochter und die Verzweiflung des Sohnes wären ja schließlich der hinlängliche Beweis dafür. Liebeskummer und Verzweiflung gehören nun aber zum Leben dazu, und keine Mutter hat versagt, weil ihre Kinder solche Gefühle haben. Es sind wohl eher der Perfektionismus und die starke Selbstkritik der Mutter, die solche Überzeugungen entstehen lassen. Annehmen muss sie also nicht ihr vermeintliches Versagen, sondern die Tatsache, dass es ihren Kindern manchmal einfach nicht gut geht, ebensowenig wie allen anderen Menschen auch. Und annehmen muss sie vor allem das Gefühl der Ohnmacht, denn als Mutter kann es schrecklich sein, wenn man die geliebten Kinder nicht vor schmerzhaften Empfindungen bewahren kann.

Vielleicht fallen dir eigene Beispiele ein, wie du durch eigene Bewertungen Probleme erzeugst, die es im Außen so gar nicht gibt. Nimm das nur wahr, ohne es verändern zu wollen, und vor allem, ohne dass du dich selbst dafür verurteilst.

Der Wahrheit ins Angesicht schauen

Es gibt also einiges, was wir gar nicht annehmen müssen, weil es nur ausgedacht ist und nicht den Tatsachen entspricht. Das ist doch schon mal eine verdammt gute Nachricht, oder? Was nicht stimmt, kann als unwahr erkannt und losgelassen werden. Doch so einfach ist es meist nicht, denn da sind wir wieder bei dem Problem rund um Fake News: Was wahr ist und was nicht, ist gar nicht so leicht zu unterscheiden. Oft braucht es die ehrliche Rückmeldung eines guten Freundes oder den ganz wahrhaftigen Blick auf sich selber, um herausfinden zu können, welcher Wahrheit man überhaupt ins Angesicht schauen muss. Ebenso gibt es aber vieles, was wahr ist und was wir partout nicht sehen wollen. Manchmal sträuben wir uns mit Händen und Füßen, der Wahrheit ins Angesicht zu schauen.

Neulich kam eine Klientin zum Erstgespräch zu mir und berichtete, dass sie in eine Depression geraten sei, nachdem ihr Partner sich von ihr getrennt habe. Gegen Endes des Gesprächs fragte sie mich: »Was halten Sie eigentlich von Partnerrückführungen?« Ich reagierte mit einem erstaunten »Von was bitte?«, weil ich tatsächlich noch nie davon gehört hatte. Sie erzählte mir, dass sie in der Zeitung eine Anzeige gelesen habe, in der jemand anbot, bei unerwünschter Trennung den Partner mittels medialer Energien und Gedankenübertragung zurückzuholen. Sie hatte dort tatsächlich angerufen und erfahren, dass die sogenannte Partnerrückführung darin besteht, dass der Anbieter für 99 Euro im Monat mediale Energien zum verlorenen Partner sendet, damit dieser wieder in die Partnerschaft zurückkehre. Meistens dauere es nur wenige Monate, bis der Partner wieder vor der Tür stehe, manchmal sei eine Rückführung aber auch aufwendig und könne ein Jahr dauern, das sei aber die absolute Ausnahme. Ich konnte meine Klientin schließlich überzeugen, sich in der Therapie mit dem Schmerz über die Trennung zu beschäftigen statt auf die »Rückführung« zu warten. Aber verlockend hört sich so etwas ja schon an, oder? 99 Euro, und der vermisste Partner steht wieder vor der Tür!

Offensichtlich sind wir gerne bereit, unseren gesunden Menschenverstand auszuschalten, wenn es darum geht, uns vor der Annahme des Unvermeidlichen zu drücken. Vielleicht schmunzelst du über die Naivität, mit der manche Menschen solche Dienste in Anspruch nehmen. Aber wenn wir ehrlich sind, müssen wir uns eingestehen, dass auch wir in bestimmten Situationen bereit sind, einiges zu tun, um der Wahrheit nicht ins Auge blicken zu müssen, und versuchen, das Unmögliche doch möglich zu machen. Wer von uns könnte im Fall einer unheilbaren Erkrankung ausschließen, nicht nach jedem Strohhalm greifen und alle auch noch so absurden Heilmethoden ausprobieren zu wollen? Manch unheilbar Kranker nimmt die Strapazen eines Langstreckenfluges auf sich, weil er von einem Wunderheiler im Brasilianischen Urwald gehört hat und sich von ihm die von allen anderen Behandlern für unmöglich gehaltene Heilung erhofft.

Unser Geist erfindet also Geschichten, um bestimmte Tatsachen nicht als gegeben hinnehmen zu müssen. Wenn wir nun aber ehrlich annehmen wollen, was ist, sollten wir solche Geschichten erkennen. Sie lullen uns ein und halten uns letztlich davon ab, auf einer tieferen Ebene erwachsen zu werden. In der Regel ist es allerdings deutlich leichter, solche Schummeleien bei anderen Menschen oder in der Geschichte der Menschheit zu erkennen, als in unserem eigenen Leben. Ich weiß von einer Familie, die tatsächlich regelmäßig vorgibt, in den Urlaub zu fahren und sich stattdessen für eine Woche vor den Nachbarn im Keller versteckt. Ein Klient von mir ging nach der Kündigung weiter regelmäßig morgens aus dem Haus, damit sein Partner nichts von seiner Arbeitslosigkeit erfuhr.

Ein gutes Beispiel, dass wir Menschen den harten Fakten gerne ausweichen, ist unser Umgang mit der Endlichkeit des Lebens. Nach allem, was wir heute wissen, gibt es wohl kein Leben nach dem Tod. Es ist am wahrscheinlichsten, dass unser Leben mit der Zeugung beginnt und mit dem Tod endet, dazwischen wird uns eine von Mensch zu Mensch unterschiedlich lange Lebensdauer geschenkt. Dann ist Schluss. Diese Tatsache der Endlichkeit jedes Lebewesens ist für uns so dermaßen Furcht einflößend, dass unser Verstand sich mächtig ins Zeug legt, um uns unsere Angst zu nehmen.

In früheren Zeiten hat sich der Verstand dazu eine recht konkrete alternative Wirklichkeit überlegt: Wir kommen bei hinreichend guten Taten in den Himmel; überwiegen jedoch die Sünden, so geht es in die Hölle. Falls die Situation nicht eindeutig ist, kommt zunächst das Fegefeuer. Dort muss der Mensch dann, abhängig von seiner Reuebereitschaft, unterschiedlich lange verharren. Die Hinterbliebenen können diesen Prozess durch Gebete – und durch »kleine« Zahlungen an die Kirche – beschleunigen. Heute erscheinen den meisten Menschen solche Vorstellungen wie Kinderglaube. In früheren Generationen, vor allem bis zur Reformation, wurden sie aber von den meisten Menschen als Realität wahrgenommen. Sie gaben ein Empfinden von Sicherheit und machten die abgrundtiefe Angst vor dem Tod erträglicher.

Aber waren es nur die Menschen früherer Jahrhunderte, die gerne bereit waren, an die eine oder andere ausgedachte Geschichte zu glauben? Sind wir heute davor geschützt? Ganz so einfach ist es nicht, denn wir Menschen bleiben anfällig für kleinen und großen Selbstbetrug. Mein Beispiel der »Partnerrückführung« stammt aus der heutigen Zeit. Auch heute betätigen wir uns noch als Betrüger unserer selbst.

Was machst du dir vor? Welche Überzeugungen hast du, die in erster Linie dazu dienen, dich vor bestimmten unangenehmen Wahrheiten zu schützen?

Ist das Hier & Jetzt wirklich so toll?

Annahme findet immer im gegenwärtigen Moment statt. Daher ist das Hier und Jetzt der Ort, der uns besonders interessiert für unser Projekt, den inneren Widerstand aufzugeben. Es klingt heutzutage schon richtig abgedroschen: Man soll den gegenwärtigen Moment annehmen, wie er ist. Den Tipp, »im Hier und Jetzt« zu leben, findest du in jedem Ratgeberbuch, hörst ihn auf jedem Achtsamkeits- oder Meditationsseminar und in manchen Gesprächen unter Freunden. Es stimmt tatsächlich, dass wir ein zufriedeneres Leben führen, wenn wir uns wirklich für den gegenwärtigen Moment öffnen und diesen annehmen, wie er ist. Wir sind vor psychischen Krisen geschützt, sind lebendiger und auch freudvoller, denn das Leben findet nun mal nur in der Gegenwart statt. Wer mit der Gegenwart verbunden ist, ist damit auch mit dem Leben verbunden.

Es gibt nur einen Haken: Es ist nämlich keineswegs immer leicht und schön, im gegenwärtigen Moment zu verweilen. Wenn es so wäre, würden wir den gegenwärtigen Moment nie verlassen wollen. Ganz so lustig scheint die Gegenwart aber doch nicht zu sein, jedenfalls hat sich die Menschheit ziemlich ins Zeug gelegt, um Dinge zu erfinden, die uns aus der Gegenwart wegbeamen. Untersuchungen zeigen, dass wir viel seltener im »Hier und Jetzt« sind als im »Dort und Damals« oder »Dort und Später«. Das hat verschiedene Ursachen. Unserem etwas ruhelosen Geist gefällt es im Hier und Jetzt nämlich oft gar nicht. Ihm ist die Gegenwart viel zu unspektakulär, er langweilt sich, sucht nach Themen und Inhalten, mit denen er sich statt dessen beschäftigen kann.

Oder er gibt sich große Mühe, uns vor unangenehmen Empfindungen zu schützen. Wir sollen die Wut und Enttäuschung nicht so sehr spüren müssen, wenn wir bei der Gehaltserhöhung schon wieder übergangen wurden. Er will uns vor der Genervtheit schützen, mit der wir nach einem übervollen Arbeitstag nach Hause kommen, und er sorgt auch dafür, dass die Alltagssorgen, die uns immer wieder plagen, etwas in den Hintergrund treten. Da das alles nun mal im gegenwärtigen Moment stattfindet, hat sich unser Geist ein ganzes Arsenal an Techniken einfallen lassen, um uns vom gegenwärtigen Moment wegzubringen. Dazu gehören die üblichen Ablenkungsstrategien wie Fernsehen oder die modernen Medien, aber auch das Nachdenken über vergangene oder zukünftige Situationen, Alkohol und Drogen, die Neigung, sich viel zu viel Arbeit aufzubürden, oder der Zwang, sich ständig ablenken zu müssen.

Wenn wir wirklich ernsthaft »Ja« zum Hier und Jetzt sagen möchten, dann müssen wir diese ganzen Strategien durchschauen, die uns von der Gegenwart entfernen. Erst dann erfahren wir den gegenwärtigen Moment in seiner ganzen Lebendigkeit. Aber wollen wir das wirklich?

Die Annahme des gegenwärtigen Moments bedeutet immer, allem gegenüber offen zu sein, was dieser Moment für uns bereithält: Wir müssen also nicht nur die angenehmen Empfindungen, sondern auch die unangenehmen wahrnehmen, genauso, wie wir ja auch nicht nur aus der einen Hälfte der Wanne das Badewasser rauslassen können. Hier ist keine Rosinenpickerei möglich, Akzeptanz bedeutet dabei immer wieder »Ja« zu sagen, *egal*, was da kommt.

Methoden, die uns dabei helfen können, sind beispielsweise die Achtsamkeitspraxis und Meditation. Hierbei geht es darum, die Ablenkungsmanöver unseres Geistes nicht mitzumachen und stattdessen ganz bewusst anwesend zu bleiben. Wer das schon mal ausprobiert hat, der weiß, wovon ich spreche, wenn ich sage, dass der gegenwärtige Moment nicht zwangsläufig angenehm ist. Denn lassen wir die Beam-dich-weg-Strategien beiseite, dann tauchen auch Gedanken, Gefühle, Impulse, Körperempfindungen und Erinnerungen auf, denen wir schon lange aus dem Weg gehen. Der Bestseller von Jon Kabat-Zinn, *Gesund durch Meditation*, hat im englischen Original den Titel *Full catastrophe living*. Dieser Titel drückt das so schön aus: Es geht um »die ganze Katastrophe des Lebens«!

Du kannst das mit folgender Übung ausprobieren:

Schließ bitte nach der Lektüre des Absatzes die Augen, lass deinen Atem möglichst frei fließen und nimm wahr, welche Empfindungen in deinem Bewusstsein auftauchen. Dies können Geräusche, Körperempfindungen, Gedanken oder vielleicht auch Gefühle sein. Probiere diese Übung jetzt aus und nimm dir etwa drei bis fünf Minuten Zeit dafür.

Jetzt gibt es zwei Möglichkeiten: Entweder du hast die Übung gemacht oder du hast sie nicht gemacht.

Wenn du sie nicht gemacht hast, dann bitte hier lesen:

Erwischt! Du hast gerade erfahren, wie schwer es uns oft fällt, uns ganz und gar dem gegenwärtigen Moment zuzuwenden. Du hättest die Möglichkeit gehabt, dich für einige Minuten ganz den Empfindungen des Augenblicks zu öffnen, aber irgendwas in dir hat sich dagegen entschieden. Du hast diese Übung wahrscheinlich deshalb nicht gemacht, weil eine Seite in dir sie aus irgendeinem Grund für unangenehm gehalten hat. Wärest du davon überzeugt gewesen, dass die Übung angenehm ist, wäre es weniger verständlich, warum du sie nicht ausprobiert hast. Vielleicht hat dein Verstand aber auch gesagt: »Nein, das kenne ich doch schon alles. Komm, lies weiter, das ist doch viel interessanter.« Vielleicht hast du auch unbewusst befürchtet, dass eine unangenehme Empfindung auftauchen könnte. Lass dir etwas Zeit, um herauszufinden, was dich von der Übung abgehalten hat.

Wenn du die Übung gemacht hast, dann bitte hier lesen:

Du hast gerade den gegenwärtigen Moment erlebt, mit allen Empfindungen, die darin jetzt gerade für dich enthalten waren. War diese Übung für dich eher angenehm oder unangenehm? Wie leicht oder schwer ist es dir gefallen, für einige Minuten ganz achtsam den Augenblick wahrzunehmen?

Wenn wir im Augenblick verweilen, stellen wir fest, dass es neben der jeweiligen Wahrnehmung immer auch eine innere Reaktion auf diese Empfindung gibt. Da ist beispielsweise die Wahrnehmung »Jucken am Bein«, »Die rechte Schulter zwickt« oder »Körperliche Unruhe«. Die innere Reaktion darauf könnte sein, dass du dich über die Empfindung ärgerst und lieber eine angenehmere Empfindung hättest. Dieser innere Reaktions- und Bewertungsprozess findet sehr schnell statt und wir können ihn zunächst nicht stoppen.

Unser evolutionäres Programm zwingt uns quasi dazu, alles, was uns begegnet, daraufhin zu beurteilen, ob es für uns hilfreich ist, das heißt letztlich, ob es unserem Überleben dient. In Achtsamkeitskursen hört man oft die Empfehlung »wahrzunehmen, ohne zu bewerten«. Die Schwierigkeit ist nur: Wir bewerten nun mal, und zwar hochgradig automatisiert. Wir können uns nicht entscheiden, das nicht mehr zu tun. Wer sich vornimmt, nicht mehr zu bewerten, der geht schnell in eine Falle, nämlich sich für die eigenen Bewertungen zu verurteilen (»Ich weiß doch, dass ich nicht bewerten soll, jetzt hab ich's schon wieder getan.«). Wir können zwar lernen, etwas weniger zu bewerten, aber ganz wird das Bewerten sicher kein Ende finden. Wir können aber immerhin lernen, uns unserer Bewertungen bewusst zu werden.

Eine Übung, die ich manchmal vorschlage, um zu üben, den gegenwärtigen Moment anzunehmen, ist der *Annahme-Scan*. Er besteht darin, offen für die augenblicklichen Wahrnehmungen zu sein und sich der inneren Reaktion darauf bewusst zu werden[17].

Für diese Übung ist es gut, die Augen zu schließen. Du nimmst möglichst achtsam jede Empfindung wahr, die sich dir zeigt. Bei jeder Wahrnehmung, die in dein Bewusstsein gerät, versuchst du, deine innere Reaktion darauf zu erkennen. Du kannst das zum Beispiel mit der Frage tun: »Wie reagiere ich darauf?«

Wir reagieren auf unsere Empfindungen mit Widerstand (»Will ich nicht fühlen, soll verschwinden«) oder mit Zustimmung (»Fühlt sich schön an, soll so bleiben«). Ist eine Empfindung angenehm, wollen wir sie in der Regel aufrechterhalten. Doch auch das kann zu einer Form des inneren Widerstandes werden, denn jede Empfindung klingt nach einer gewissen Zeit wieder ab. Akzeptanz bedeutet also auch, dem Abklingen einer angenehmen Empfindung zuzustimmen. Daneben gibt es noch neutrale Empfindungen, die weder gewünscht noch abgelehnt werden.

Probeweise mache ich den Annahme-Scan gerade selber: Ich schließe also die Augen und frage mich, was ich wahrnehme. Ich spüre, dass mein Körper gerade angespannt ist. Dann frage ich mich, wie ich darauf reagiere, und merke ganz klar, dass ich diese Anspannung nicht will. Ich registriere sogar eine kleine Verurteilung dafür, dass ich gerade angespannt bin.

Dann nehme ich wieder meine Empfindungen wahr. Diesmal merke ich, dass ich etwas müde bin. Ich frage mich, wie ich darauf reagiere, und merke, dass ich die Müdigkeit sogar genieße und es angenehm ist, die Augen zu schließen. Als Nächstes nehme ich wahr, dass mein Unterkiefer angespannt ist. Die Reaktion darauf ist neutral, und ich bewege meinen Unterkiefer etwas, damit er sich lösen kann. Nach einer Weile taucht eine leichte Angst auf, ausgelöst durch einen Gedanken an den morgigen Tag. Als ich mich frage, wie ich darauf reagiere, zeigt sich, dass ich die Angst nicht haben will.

Anleitung für den Annahme-Scan

- Augen schließen
- Achtsam wahrnehmen, welche Empfindung auftaucht
- Die Empfindung spüren und sich fragen, wie die innere Reaktion darauf ist
- Der inneren Reaktion mit möglichst viel Annahme begegnen

Das Vergangene ist vergangen ist vergangen

Beim Umgang mit Vergangenem zeigt sich die Vergeblichkeit unseres Kampfes gegen Erfahrungen und Ereignisse am deutlichsten. Die Vergangenheit zeichnet sich dadurch aus, dass sie vergangen ist. Durch nichts auf der Welt lässt sich etwas ändern an dem, was sich bereits ereignet hat. Der Wunsch oder die Forderung »Ich will, dass es anders gewesen wäre!« ist also aussichtslos. Es bringt überhaupt nichts, Vergangenes nicht vergangen sein zu lassen. Dem würden wir spontan wahrscheinlich alle zustimmen. Doch bei ehrlicher Betrachtung müssen wir uns eingestehen, dass es uns oft einfach sehr schwerfällt, das Vergangene loszulassen. Wer von uns kennt das nicht: über ein längst vergangenes Ereignis immer und immer wieder nachzugrübeln? Oder innerlich unaufhörlich Vorwürfe und Anklagen zu wiederholen?

Es gibt drei Bereiche, wo wir uns besonders gerne festbeißen:

Unser eigenes Verhalten
Eine Mutter von zwei Kindern hat noch nach über dreißig Jahren Schuldgefühle wegen einer Abtreibung, die sie als 19-Jährige hatte vornehmen lassen.

Verhaltensweisen anderer Menschen
Der Ehemann einer Klientin hatte ihr vor einigen Jahren gestanden, dass er in ihren ersten Ehejahren eine Affäre hatte. Seine Frau möchte trotzdem weiter mit ihm zusammenleben, aber die Affäre steht ständig als fühlbare Spannung zwischen ihnen, und sie wirft ihm seine außereheliche Beziehung bei jedem Streit wieder vor.

Schicksalsschläge, die sich im Leben zugetragen haben
Ein Vater hadert seit sehr langer Zeit damit, dass seine erstgeborene Tochter mit drei Jahren an einem Hirntumor verstorben ist.

Die Beschäftigung mit vergangenen Ereignissen ist natürlich nicht einfach nur sinnlos. Sie hat durchaus eine positive Funktion, nämlich dann, wenn wir die Vergangenheit reflektieren, um daraus für die Zukunft zu lernen. Wenn ich mich frage, warum meine Topfpflanzen alle so kränklich aussehen und ich mich daran erinnere, dass mir das vor ein paar Jahren schon mal passiert ist und damals ein Pilz daran schuld war, dann hilft mir in diesem Fall die Beschäftigung mit der Vergangenheit weiter, um meine Pflanzen eventuell noch zu retten. Doch zumeist grübeln wir unnützerweise immer wieder über ein Thema nach, ohne dass uns das weiterbringt, und wenden dafür ungemein viel Energie auf, die uns für das Leben in der Gegenwart natürlich fehlt. [...] Wir sind oft geradezu gedanklich und emotional an vergangene Ereignisse gefesselt. Ich kenne Menschen, die heute noch mit Ereignissen beschäftigt sind, die dreißig oder vierzig Jahre zurückliegen, und ihre Schilderungen wirken so, als sei das Ereignis letzte Woche passiert.

Es gibt verschiedene Gründe dafür, warum wir die Vergangenheit nicht annehmen und loslassen können. Solange wir uns mit der Vergangenheit beschäftigen, können wir uns suggerieren, dass sie noch nicht ganz vorbei und damit noch veränderbar ist. Wer seine Katze vermisst, Zettel aufhängt und überall nach ihr sucht, der hofft noch, dass er sie findet. Und solange er hofft, braucht er über Verlust oder gar Tod des Tieres noch nicht zu trauern. Solange man sucht, ist die Vergangenheit sozusagen noch offen. Erst wenn man aufhört zu suchen, kommt der eigentliche Schmerz. Die Beschäftigung mit der Vergangenheit schützt uns also davor, den Schmerz der Unveränderbarkeit wirklich zu fühlen. Es kann natürlich durchaus sinnvoll sein, darauf zu hoffen, dass sich das Erwünschte doch noch einstellt. Aber wenn das Hoffen »zwanghaft« wird, ungünstige Informationen nicht wahrgenommen oder verleugnet werden, oder das Hoffen »ewig« anhält, dann ist klar, dass wir unerwünschten Empfindungen aus dem Weg gehen.

Es gibt noch viele weitere Gründe, warum wir vom Vergangenen nicht loskommen. Sie zu erforschen ist notwendig, um sie später loslassen zu können. Wenn jemand eine traumatische Erfahrung gemacht hat, weigert sich das Gehirn zunächst, die Geschehnisse langsam zu vergessen. Sie werden im Gegenteil immer wieder durchlebt und durchdacht, mit dem Ziel, unbedingt zu vermeiden, dass sich das Schreckliche noch einmal wiederholt. Oft sind bestimmte Gefühle noch nicht zu Ende gefühlt, und solange das nicht der Fall ist, bleibt die Vergangenheit lebendig. Ich weiß von einer Frau, die ihren gerade volljährig gewordenen Sohn bei einem Verkehrsunfall verloren hatte und über Jahrzehnte hinweg täglich zu seinem Grab ging, ohne auch nur einen Tag auszulassen.

Hinter längerfristigem Grübeln über vergangene Ereignisse verbergen sich meistens auch ungefühlte Emotionen. Das Nachdenken über das Damals schützt uns davor, uns mit den schwierigen Gefühlen zu beschäftigen.

Aber es gibt auch viel alltäglichere und unspektakuläre Gründe für das Anhaften am Vergangenen. Wer aktuell kein erfülltes Leben hat oder sich langweilt, für den ist es immer noch besser, sich mit dem Früher zu beschäftigen, statt die unbefriedigende Gegenwart wahrzunehmen.

Sehr oft kommt es vor, dass wir uns selbst für Ereignisse in der Vergangenheit die Schuld geben (»Warum habe ich damals nur …?«, »Wieso habe ich nicht …?«, »Ich hätte doch wissen müssen, dass …«). In einer Achtsamkeitsgruppe schilderte neulich ein älterer Teilnehmer, er habe sich gar nicht wirklich gefreut, als er damals von seiner Frau erfuhr, dass sie zum dritten Mal schwanger war. Kurz nach der Geburt entwickelte sein heute erwachsener Sohn dann eine sehr schwere Lungenerkrankung, an der er beinahe gestorben wäre. Über Jahre hinweg habe er sich für die Erkrankung seines Sohnes die Schuld gegeben, im Glauben, sein

Sohn sei krank geworden, weil er als Vater ihn zu diesem frühen Zeitpunkt nicht ohne Einschränkungen gewollt habe.

Schuldgefühle haben so gut wie keine positive Funktion, sie halten uns in destruktiven Beziehungen und legen einen erdrückenden Schleier über uns und unser weiteres Leben. Evolutionär mögen sie sinnvoll sein, denn sie schützen die Gruppe davor, dass Einzelne sich nicht an die Regeln halten und anderen schaden. Doch die meisten Vorwürfe, die wir uns machen, sind vollkommen unbegründet; sie sind unfair und belasten uns. Wirkliche Schuld laden wir dann auf uns, wenn wir absichtlich etwas tun, was anderen Menschen oder Wesen schadet, und wenn wir eine Möglichkeit gehabt hätten, uns anders zu verhalten. Das ist bei fast allen Schuldgefühlen, die wir haben, aber gar nicht der Fall. Meistens wollen wir dem anderen nicht absichtlich schaden und eine Handlungsalternative gab es vielfach nicht. Sowohl Schuldgefühle als auch Selbstanklage haben zur Folge, dass die Vergangenheit »lebendig« bleibt und nicht losgelassen werden kann.

Natürlich wirkt die Vergangenheit in die Gegenwart hinein und gestaltet unsere gegenwärtige Lebenssituation. Dies anzunehmen ist ein Leichtes, wenn unser Leben so läuft, wie wir es gerne hätten, wenn es unseren Vorstellungen entspricht und wir alles in allem mit unserem Leben und unserem Alltag zufrieden sind. Doch oft macht das Leben, was es will, und einiges davon gefällt uns ganz und gar nicht. Dies anzunehmen ist vor allem dann ganz schön schwer, wenn es sich um Entwicklungen handelt, die nicht mehr rückgängig gemacht werden können. In jungen Jahren steckt das Leben noch voller Möglichkeiten, doch mit dem Alter schränken sich diese ein. Manches von dem, was man sich erhofft hat, ist in Erfüllung gegangen, anderes nicht. Manche Erfahrungen, die man gemacht hat, verändern das weitere Leben.

Die Liste der Zumutungen des Lebens ist lang und es sind wirklich schreckliche Plagen dabei. Besonders herausfordernd sind:

Krankheit, Behinderung, schwere Einschränkungen: lebensbedrohliche Krankheiten, die einen selbst oder das nahe Umfeld betreffen, chronische Schmerzen, schwere körperliche oder psychische Erkrankungen der eigenen Person oder nahestehender Menschen

Verluste: Tod von geliebten Menschen oder Tieren, Verlust von Leistungsfähigkeit, beruflicher Integration oder finanzieller Absicherung, Verlust von wichtigen materiellen Dingen

Nicht erfüllte Pläne, Erwartungen, ungelebtes Leben: gescheiterte berufliche Pläne; ungewollte Kinderlosigkeit; all die Träume und Sehnsüchte, die unerfüllt geblieben sind

Längerfristig unerfüllte Bedürfnisse: Einsamkeit, nicht gelebte Partnerschaft oder fehlende tiefere Freundschaften

Manches, was einem im Leben widerfahren kann, prägt das zukünftige Leben so maßgeblich, dass das Leben »danach« ein anderes ist als das zuvor. Dazu gehören zum Beispiel schwere Traumatisierungen wie Gewalt- oder Kriegserfahrungen, Verlusterfahrungen wie der frühe Tod eines geliebten Menschen oder schwerwiegende Behinderungen. Manche Erfahrungen können das weitere Leben sogar radikal infrage stellen, etwa der Tod eines eigenen Kindes.

Möglicherweise hat dich dieses Buch angesprochen, weil du eine oder sogar mehrere solcher Erfahrungen gemacht hast und erleben musstest, wie sinnlos dein Widerstand dagegen ist und wieviel zusätzliches Leid dir damit vielleicht widerfahren ist. Wir können uns auflehnen, wie wir wollen, wir können Gott und das Leben verfluchen, wir können den Wunsch nach dem Ende unseres Lebens in uns tragen, das schreckliche Ereignis wird dadurch nicht rückgängig gemacht. Es gibt tatsächlich nur eine einzige Möglichkeit, um damit auf eine möglichst gute Art umgehen zu können: Akzeptanz.

Auch wenn gerade dies einem unmöglich erscheint, als gäbe es Dinge, die so schwerwiegend sind, dass sie einfach nicht angenommen werden können.

Doch Annahme kann trotzdem möglich werden, allerdings bedarf es meistens eines langwierigen und oft schmerzhaften Prozesses. Wer bereit ist, sich darauf einzulassen, der kann sich von Vergangenem lösen und sich neuen Lebensmöglichkeiten öffnen. Wie ein solcher Prozess verlaufen kann, beschreibt eine ehemalige Klientin von mir auf eindrückliche Weise:

»Mein Leben bestand aufgrund von Traumatisierungen in der Kindheit aus schier unerträglichen Gefühlszuständen wie tiefste Verzweiflung und lähmende Scham, die mich so stark beeinträchtigten, dass ein normaler Alltag meist nicht möglich war. Ich fühlte mich dermaßen minderwertig, beschmutzt und widerwärtig, dass ich mich nicht einmal auf eine Seite in einem Buch konzentrieren konnte, geschweige denn auf irgendetwas anderes. Nachts konnte ich aus demselben Grund nicht schlafen. Gegen diese Gefühlszustände kämpfte ich jahrzehntelang an, auch gemeinsam mit Therapeuten in der Therapie, indem wir uns zum Beispiel überlegten, was ich tun könnte, um mich von diesen Gefühlen abzulenken. Natürlich war dieser Kampf nicht von Erfolg gekrönt. Eines Tages begriff ich, dass Widerstand gegen das Leben nicht funktionieren kann. Statt mit Gewalt und Widerstand gegen mich und mein Befinden anzukämpfen,

versuchte ich, Annahme und Akzeptanz zu trainieren. Ich übte mich in Achtsamkeit, begann zu meditieren und belegte Yogakurse bei der VHS. Innerhalb weniger Monate zeigten sich die ersten Veränderungen. Das ist das Faszinierendste überhaupt: In dem Moment, in dem ich aufhörte zu kämpfen, und stattdessen versuchte, meine Zustände als einen Teil meines Lebens zu betrachten, veränderte sich nach und nach mein Befinden wie von selbst. Die unerträglichen Gefühlszustände lösten sich immer mehr auf und ich fühlte mich besser als je zuvor. In mir war eine neue Bereitschaft und Offenheit entstanden, alle Gefühle zu fühlen, die auftauchten. Dadurch lösten sich auch die unangenehmen ganz von alleine auf. So kam endlich Bewegung in mein Erleben, und auch positive Gefühle hatten nun Raum, sich zu zeigen. Einige Monate lang hielt dieser Aufwärtstrend an, bis sich nach einem harmlosen, grippalen Infekt chronische, körperliche Symptome einstellten. Auf körperlicher Ebene war es mir bisher gut gegangen und diese Entwicklung sollte zu einer neuen Herausforderung für mich werden. Ich hatte ständig Schmerzen, fühlte mich insgesamt kraftlos und erschöpft. Was war nun wieder mit mir los? Aus Verzweiflung über diese körperlichen Beschwerden erwachte mein alter Widerstand gegen das Leben von Neuem. Etwa ein Jahr lang kämpfte ich abermals verbissen, bis mir klar wurde, dass auch dieser Kampf nichts bringen würde. So versuchte ich es wieder mit Annahme und Akzeptanz. Ich akzeptierte meine körperlichen Einschränkungen und gestaltete meinen Alltag nach meinen körperlichen Möglichkeiten. Viele Monate sah das so aus, dass ich einen halben Tag lang aktiv war und den Rest des Tages damit zubrachte, mich auszuruhen, um wieder Kraft zu schöpfen. Nach und nach veränderte sich etwas, diesmal verbesserten sich die körperlichen Symptome. Heute erlebe ich gute und schlechtere Phasen, und immer noch bewege ich mich zwischen Akzeptanz und Widerstand. Allerdings wird der Widerstand immer weniger.«

Sein dürfen, wer man wirklich ist

Eigentlich sollte es doch selbstverständlich sein, dass wir freundlich, annehmend und wohlwollend mit uns selbst umgehen. Doch in Wirklichkeit sind wir davon leider weit entfernt. Wie kann das eigentlich sein?

In der Psychotherapie sucht man viel nach den individuellen Ursachen eines bestimmten Gefühls oder Verhaltens. Wenn sich jemand beispielsweise minderwertig fühlt, dann erkunden Klient und Therapeut gemeinsam, welche biografischen Wurzeln dieses Gefühl haben könnte. Wenn das kleine Mädchen von seiner Mutter immer wieder gehört hat, dass die jüngere Schwester viel hübscher und klüger ist, dann kann sich daraus natürlich ein Gefühl von Minderwertigkeit entwickeln. Aber auch wenn viele Menschen solche oder ähnliche Erfahrungen aus ihrer Kindheit berichten, so erklärt sich daraus noch nicht, wie das Empfinden von Minderwertigkeit zu einem Massenphänomen werden konnte. Denn fast alle Menschen in unserer westlichen Kultur tragen ein tiefes Empfinden von Nicht-Genügen in sich, und letztlich die Überzeugung, nicht liebenswert zu sein. Es ist wichtig, das zu erkennen, denn ansonsten verurteilen wir uns auch noch dafür, dass wir so ein schlechtes Selbstwertgefühl haben und so viel an uns zweifeln. Es ist kein individuelles Versagen, uns so zu fühlen, sondern es zeichnet unsere Gesellschaft mehrheitlich aus.

Die meisten von uns wären lieber anders, als sie sind. Wir haben uns schon im ersten Kapitel damit beschäftigt, dass wir in unserer Kultur nicht unbedingt sehr tolerant uns selbst gegenüber sind, sondern dass wir eher dazu neigen, anspruchsvoll und perfektionistisch auf uns zu sehen. Der Perfektionismus treibt dabei in vielen Bereichen, innere wie äußere, sein Unwesen. Wir müssen attraktiv sein, unser Gewicht muss stimmen und älter sollten wir eigentlich auch nicht werden. Eine Klientin von mir geht seit dem dreizehnten Lebensjahr nur geschminkt aus dem Haus, weil sie sich nicht hübsch findet. Als wir uns in der Therapie mit einem liebevollen Umgang mit sich selbst beschäftigten, war sie zu einem mutigen Experiment bereit: sich ungeschminkt in ein Restaurant zu setzen. Sie befürchtete, angestarrt zu werden, weil alle sie so hässlich finden würden. Als wir uns in der Therapie mit einem liebevollen Umgang mit sich selbst beschäftigten, ist sie zu einem mutigen Experiment bereit: Sich ungeschminkt in ein Restaurant zu setzen. Sie befürchtet, dass sie angestarrt wird, weil alle sie so hässlich finden. Als sie nach dieser Konfrontationsübung zum nächsten Gespräch zu mir kam, erzählte sie, dass keiner sie angestarrt habe, was aber wohl daran gelegen habe, dass es in dem Restaurant sehr dunkel gewesen sei.

Seit einigen Jahren biete ich ein Seminar für Fachpersonen an, in dem es darum geht, sich mit therapeutischen Strategien bei Scham, Minderwertigkeit und Selbsthass zu beschäftigen. Dieses Seminar gehört zu den am häufigsten besuchten, denn die Therapeuten wissen, dass viele ihrer Klienten mit Scham- und Minderwertigkeitsgefühlen zu kämpfen haben und wie schwer dieses Erleben zu verändern ist. Wir Therapeuten beschäftigen uns in diesem Seminar viel mit unserem eigenen Erleben von Scham und Minderwertigkeit. Jedes Mal aufs Neue zeigt sich, wie viele Schamgefühle in uns allen stecken. Viele Teilnehmende haben kleine Aha-Erlebnisse, denn Schamgefühle werden zumeist erst sichtbar, wenn man sich intensiver mit ihnen beschäftigt. Es ist ähnlich, wie wenn man ein neues Auto kaufen möchte und ein bestimmtes Modell ausgewählt hat: Plötzlich sieht man es an jeder Straßenecke.

Nach meiner Erfahrung haben in unserer Kultur sehr viele Menschen ein tiefes Schamerleben. Wir tragen die Überzeugung in uns: »Wenn die anderen wüssten, wie ich wirklich bin, dann würde niemand mehr etwas mit mir zu tun haben wollen.« Scham ist wohl die am meisten tabuisierte Emotion. Wir haben in unserem Sprachgebrauch sehr viele Begriffe für Gefühle wie Freude, Angst oder Ärger. Gemeinsam mit einer Kollegin habe ich vor einiger Zeit dazu eine Liste zusammengestellt, und während wir zu diesen Gefühlen jeweils an die hundert unterschiedliche Begriffe gefunden haben, sind uns zu Scham gerade einmal ein halbes Dutzend eingefallen. Je weniger Worte wir für etwas haben, umso weniger wird auch darüber gesprochen. Das ist aber heikel, denn ein großer Teil der Scham verschwindet, sobald sie an die Oberfläche kommen darf, wir über sie sprechen und die Erfahrung machen, dass wir von den anderen dafür gar nicht verachtet werden. Scham, über die nicht gesprochen wird, kann uns ein Leben lang quälen.

Annahme der eigenen Person bedeutet also: sich so annehmen, wie man ist, ohne sich für etwas zu schämen. Uns ist *dieser* Körper und *diese* Persönlichkeit geschenkt worden, und genau die nehmen wir an, ohne sie anders haben zu wollen und zu verändern. Aber sind wir dazu wirklich bereit? Neulich erzählte mir eine befreundete Psychotherapeutin, die mittlerweile auf die siebzig zugeht, dass sie jetzt endlich aufgehört habe »an sich zu arbeiten«. Endlich, denn was für einen Stress bereitet es uns, uns ständig »weiterentwickeln« zu müssen, zu »wachsen«, »unser ganzes Potenzial zu entfalten«. Wir werden ganz sicher nicht dadurch glücklich, dass wir irgendwann genug an uns gearbeitet haben und endlich der geworden sind, der wir sein wollten. Denn erstens schaffen wir das sowieso nicht, und zweitens ist es nur unsere Vorstellung, glücklich zu werden, indem wir jemand anderes werden. Zufriedenheit und Entspannung stellen sich vielmehr dann ein, wenn wir der sein dürfen, der wir wirklich sind. Endlich müssen wir nicht mehr jemand anders sein, endlich dürfen wir so sein, wie wir nun mal sind.

Eine Frage, die ich besonders hilfreich finde, um der eigenen Nicht-Annahme auf die Spur zu kommen, ist die »Selbstverurteilungsfrage«. Sie lautet:

> *Gibt es etwas, wofür ich mich (gerade) selber verurteile, und wenn ja, was ist es?*

Du kannst diese Frage allgemein stellen und dich fragen, für welche Eigenschaften du dich manchmal oder häufiger verurteilst. Und du kannst diese Frage ganz konkret für den gegenwärtigen Moment beantworten. *Gibt es etwas, das du jetzt gerade an dir verurteilst?* Lass dir etwas Zeit, bis eine Antwort auftaucht.

Wie ging es dir mit dieser Übung? Solltest du Verurteilungen bemerkt haben, versuche, ihnen keine weitere Nahrung zu geben und verurteile dich nicht dafür, dass du gerade unfreundlich über dich gedacht hast. Du kannst dir sicher sein, dass wir alle abwertende Überzeugungen über uns haben. Zugleich kannst du enttarnen, dass es sich einfach nur um einen Gedanken handelt, dem du nicht folgen musst.

Manchmal wird in Veröffentlichungen von Selbstliebe gesprochen, und davon, dass man alles an sich lieben soll. Doch das ist meiner Meinung nach eine Falle und viel zu anspruchsvoll. Es wird kaum jemandem gelingen und es ist auch gar nicht notwendig. Manche Eigenschaften an uns sind einfach nicht liebenswert. Wie sollten Neid, Eifersucht, Gier, Rachsucht und Missgunst liebenswert sein? Es wäre schön, wenn es diese Eigenschaften nicht gäbe und doch tauchen sie auf. Unsere Herausforderung besteht darin, uns nicht dafür zu verurteilen und uns nicht zu schämen, sondern anzunehmen, dass wir sie manchmal haben. Nicht als individuelles Versagen (»Das ist aber nicht schön von dir, dass du so neidisch bist.«), sondern als Eigenschaften, die zu uns Menschen dazugehören.

Du brauchst also nicht den wohl vergeblichen Versuch starten, alles an dir zu lieben. Es reicht, wenn du dir freundlich und annehmend begegnest. Freundlichkeit sich selbst gegenüber führt zu höherer Lebenszufriedenheit, weniger Angst und Depression und einer deutlich besseren Fähigkeit, mit Herausforderungen zurechtzukommen. Dies haben zahlreiche Studien ergeben, die sich mit dem Konzept des Selbstmitgefühls beschäftigen,[18] das wir im folgenden Kapitel noch genauer erkunden werden.

Wenn du annehmender mit dir umgehen möchtest, kannst du es dir zur Gewohnheit machen, im Alltag immer wieder herauszufinden, worin deine Selbstfreundlichkeit im jeweiligen Moment bestehen könnte. Eine hilfreiche Frage dazu ist die »Selbstmitgefühlsfrage«, sie lautet:

Wenn ich freundlich zu mir selbst wäre, was würde ich dann jetzt tun?

Du kannst dir diese Frage auf einen Zettel schreiben oder dich über dein Smartphone daran erinnern lassen.

Oft sind es die kleinen Dinge, in denen sich ein freundlicherer Umgang mit sich selbst ausdrückt: Mal eine Pause machen oder sich auf eine bequemere Art hinsetzen, sich einen Tee kochen oder die Beine vertreten, sich selbst Mut zusprechen oder freundlich mit sich reden, wenn es einem nicht gut geht. Auch diese Frage lässt sich wieder allgemeiner stellen im Hinblick auf die eigene Lebenssituation: Was würde ich in meinem Leben verändern, wenn ich zu mehr Selbstmitgefühl in der Lage wäre? Würde ich dann wirklich so viel arbeiten, wie ich es tue? Oder würde ich versuchen, Teilzeit zu arbeiten? Vielleicht würde ich mal alleine in die Ferien fahren oder ein paar Tage in ein Kloster gehen? Oder ich würde eine sehr grundlegende Entscheidung in meinem Leben treffen, mich vielleicht gegen die ungute Partnerschaft entscheiden oder mehr Abstand zu meinen Eltern suchen?

Sich selbst zu akzeptieren fällt vielen von uns besonders schwer. Wenn du beim Lesen dieses Buches merkst, dass du wenig Akzeptanz für dich selbst aufbringst, dann lohnt es, sich intensiver damit zu beschäftigen. Du kannst beispielsweise Achtsamkeitsübungen mit dem Fokus auf Selbstmitgefühl machen. Im Anhang findest du dazu CD-Empfehlungen, und auch im Netz wirst du die eine oder andere gute Übung finden. Du kannst ein Buch dazu lesen oder ein Seminar besuchen. Dieses Thema ist besonders lohnenswert, denn

Selbstannahme ist ansteckend und wirkt sich auch auf unsere Fähigkeit zur Akzeptanz in anderen Bereichen aus. Denn auch hinter einer kritischen Haltung anderen Menschen gegenüber steckt oft fehlende Selbstannahme. Gelingt es uns besser, uns selbst anzunehmen, können wir auch andere Menschen leichter akzeptieren.

Der Nachbar und die Schwiegermutter

Gibt es jemanden, der alle anderen Menschen genauso annehmen kann, wie sie sind, der nie ärgerlich wird und stets zu bedingungsloser Liebe in der Lage ist? Wohl kaum, jedenfalls ist mir niemand bekannt. Den meisten von uns fällt es nicht schwer, an anderen Eigenschaften oder Verhaltensweisen zu finden, die wir nicht leiden können. Wahrscheinlich fallen auch dir gleich eine ganze Reihe von Eigenschaften deiner Kinder, deines Partners, deiner Eltern oder Schwiegereltern, Nachbarn und Freunde ein, die du am liebsten sofort ändern würdest. Meistens ist es sogar so, dass wir uns über andere Leute ziemlich aufregen können. Wenn wir komplett in der Lage wären, andere zu akzeptieren, wäre so manches Gespräch zwischen Freundinnen, unter Arbeitskollegen oder im Familienkreis ziemlich schnell zu Ende. Wenn wir die anderen nicht mehr hätten, über die wir tratschen können, was bliebe dann eigentlich noch? Kein pingeliger Nachbar, kein ungerechter Chef oder fauler Kollege, keine Schwiegermutter, die zur Einmischung neigt? Würde uns da nicht fast etwas fehlen? Unser kleines Ego fände das sehr bedauerlich, denn es fühlt sich selber besser, wenn es sich über andere erheben kann. Aber eigentlich wäre es wohl tatsächlich so, dass wir viel gewinnen würden, wenn wir die anderen mehr in Ruhe lassen könnten.

Besonders gefordert ist unsere Fähigkeit zur Annahme bei Menschen, die uns nahestehen: unser Lebenspartner oder unsere Lebenspartnerin, die eigenen Kinder, Eltern, Geschwister und beste Freunde. Ich habe während der Arbeit an diesem Buch eine kleine Umfrage gemacht und Leute gebeten, mir zu berichten, welche Herausforderungen es in ihrem Leben zu akzeptieren gab, und wie es ihnen gelungen ist, diese anzunehmen. Es klingt wie ein abgedroschenes Klischee, aber in Bezug auf die anderen Menschen wurde als größte Herausforderung zur Annahme tatsächlich die Schwiegermutter genannt, gleich gefolgt von den eigenen Kindern und dem Lebenspartner.

In Therapiegesprächen sind es oft die eigenen Eltern, die anzunehmen uns schwerfällt und die die Lieblings-Zielgruppe für Vorwürfe und Anklagen sind:

»Wenn meine Mutter mich nicht so verwöhnt hätte, dann hätte ich heute nicht das Problem, dass ich mit Geld nicht umgehen kann.« … »Wenn mein Vater nicht so herrisch gewesen wäre, dann würde ich mich heute in meiner Partnerschaft viel leichter trauen, meine Meinung zu sagen.« … »Wenn meine Mutter mir nicht immer gesagt hätte, dass meine Schwester hübscher und klüger ist als ich, dann würde ich mich heute nicht so minderwertig fühlen.«

Auch ich habe mir lange meine Eltern anders gewünscht als sie sind. Sie sollten intellektueller sein, sollten sich mehr für mich und mein Leben interessieren, hätten mich früher mehr fördern sollen usw. Wenn ich ehrlich bin, ist die Liste damit längst noch nicht abgeschlossen, aber den Rest erspare ich dir und auch meinen mitlesenden Eltern. Eines Tages war ich in einem Selbsterfahrungsseminar und hatte ein Aha-Erlebnis. Der Seminarleiter sprach über die Beziehung der

Kinder zu den Eltern und er sagte: »Nur dadurch, dass eure Eltern ganz genau so sind, wie sie sind, seid ihr überhaupt auf der Welt und habt das Leben geschenkt bekommen. Wären sie nur ein kleines bisschen anders, wärt nicht ihr gezeugt worden.« Irgendwie haben diese Sätze damals bei mir »Klick« gemacht. Ich wurde traurig und war beschämt über die ganzen Verbesserungsvorschläge, die ich jahrzehntelang für meine Eltern parat hatte, und über meine Arroganz, es besser zu wissen, wie sich gute Eltern zu verhalten haben. Ich verstand auf eine tiefere Art, dass ich von meinen Eltern das Leben geschenkt bekommen habe, das größte Geschenk, das ein Mensch einem anderen machen kann. Aber damit war ich nicht zufrieden, ich wollte was Besseres. Als ob jemand ein Luxusauto geschenkt bekommt und sich über den etwas zu kleinen Schminkspiegel beschwert.

Die eigenen Eltern anzunehmen bedeutet überhaupt nicht, alles an ihnen gut zu finden. Es gibt Verhaltensweisen von Eltern, die für das Kind im zukünftigen Leben hilfreich und unterstützend sind, und ebenso gibt es Verhaltensweisen, die dem Kind im späteren Leben Schwierigkeiten bereiten. Und manchmal gibt es Verhaltensweisen von Eltern, die dem Kind massiv schaden. Wer als Kind Gewalt durch die Eltern erfahren hat, sexuellen Missbrauch oder emotionale Vernachlässigung, der wird einen nicht unbedeutenden Teil seines künftigen Lebens damit zu kämpfen haben. Da gilt es, das anzunehmen, was passiert ist: »Ja, meine Eltern haben mich geschlagen, und das war fürchterlich.« Annehmen bedeutet nicht, innerlich zu sagen: »So schlimm war das ja auch wieder nicht«, oder mit einem vorschnellen »Ich verzeihe ihnen« zu reagieren. Was wie eine Zustimmung aussieht, entpuppt sich bei genauerer Betrachtung als Widerstand, denn es besteht die Gefahr, dass damit der eigene Schmerz abgewehrt wird. Außerdem wollen die Empfindungen angenommen werden, die durch die damaligen Ereignisse ausgelöst wurden: »Ich habe oft Angst vor anderen Menschen.«

Oft schämen wir uns, wenn wir negative Gedanken über andere im Kopf haben oder uns über jemanden ärgern. Wir stellen an uns vielleicht den Anspruch, verständnisvoll, tolerant und einfühlsam zu sein. Aber wenn wir unsere Überzeugungen genauer prüfen, merken wir, dass wir den anderen doch anders haben wollen, als er ist, oder genervt von einer Verhaltensweise sind. Unterdrücken wir diese Empfindungen, so verschwinden sie nicht einfach. Es gilt wieder das Gesetz des Widerstandes: Wogegen wir kämpfen, wird nicht schwächer, sondern stärker. Daher ist es nicht hilfreich, sich für die kritische Haltung anderen gegenüber zu schämen, sondern es hilft, sie sich offen einzugestehen.

Und genau das darfst du nun in der folgenden Übung tun: Wähle bitte einen Menschen aus, der dir nahesteht oder mit dem du im Alltag viel zu tun hast.

Nun überleg dir einige Eigenschaften, die du an dieser Person gerne anders hättest. Vielleicht sollte dein Partner geduldiger sein, dein Kind bessere Noten nach Hause bringen oder morgens flotter die Schuhe anziehen. Finde eine oder mehrere Eigenschaften, die du an der anderen Person gerne ändern möchtest.

Nun prüfe, ob du dich dafür verurteilst, dass du Eigenschaften am anderen gerne anders hättest. Gibt es dafür eine Verurteilung? Wenn ja, kannst du sie vielleicht loslassen.

Das Leben ist ungerecht

Vieles von dem, was wir uns bisher angeschaut haben, fällt uns nicht leicht anzunehmen. Doch was nun kommt, ist wohl der schwierigste Brocken überhaupt. Es gibt bestimmte unumstößliche Wahrheiten im menschlichen Leben, die die meisten von uns kaum annehmen können. Dazu gehört, dass das irdische Leben endlich ist, dass nichts auf dieser Welt wirklich beständig ist oder dass Leiden zum Leben dazugehört. Diese »Lebensregeln« haben wir nicht selbst festgelegt, sie sind uns vielmehr mit in die Wiege gelegt worden. Hätten wir die Möglichkeit gehabt, mitzureden, dann sähen sie wohl allesamt ganz anders aus. Aber wer hat uns nun diese Schwierigkeiten eingebrockt? War es der liebe Gott oder die Evolution? Jedenfalls existieren diese Gesetzmäßigkeiten und wir müssen uns ihnen fügen, ob wir mögen oder nicht. Manchmal scheint es mir, erwachsen zu werden bedeute, sich mit diesen Lebensprinzipien auseinanderzusetzen und sie schließlich anzuerkennen und zu bejahen.

Betrachten wir ein Beispiel, nämlich das Lebensprinzip »Das Leben ist ungerecht.« Dass es gültig ist, ist offensichtlich. Manche Menschen leben in großer Sicherheit, dürfen leckere Sachen essen und erfahren gute medizinische Behandlung, wenn sie krank sind. Andere leben in Regionen der

Welt, in denen ihr Leben ständig bedroht ist, oder sie haben nicht genug zu essen oder keine medizinische Versorgung. Die Mutter einer Freundin ist vor Kurzem 99 Jahre alt geworden, das Kind einer Klientin verstarb am zweiten Lebenstag. Wenn du nun für dich prüfst, ob du der Tatsache der Ungerechtigkeit auf der Welt zustimmen kannst, dann wirst du dieses Lebensprinzip wohl als gegeben anerkennen und oberflächlich bejahen. Bist du aber selbst von der Ungerechtigkeit der Welt betroffen, beispielsweise weil ein Mensch, den du sehr liebst, früh sterben musste, ist es wahrscheinlich, dass du mit dem Leben, dem lieben Gott oder der Welt haderst und dich wütend oder verzweifelt dagegen auflehnst.

Schauen wir uns die verschiedenen Lebensprinzipien nun genauer an. Ich habe dafür die wichtigsten zusammengestellt und möchte dich bitten, sie nacheinander und mit kurzen Pausen zu lesen. Welche Empfindungen und Gedanken tauchen dabei bei dir auf, wenn du genau hinspürst?

Ich habe weniger Kontrolle über mein Leben, als ich denke. Was meine Zukunft für mich bereit hält, was morgen passiert, weiß ich nicht.

Es gibt Wünsche in meinem Leben,
die sich nie erfüllen werden.

Die Vergangenheit lässt sich nicht mehr verändern.

Unser Leben ist endlich, im Durchschnitt bekommen wir etwa 25 000 bis 30 000 Tage geschenkt. Jeder Mensch stirbt, auch ich werde sterben.

Leid gehört zum Leben dazu. Es gibt kein Leben ohne Leid.

Das Leben ist ungerecht.

Niemand hat Anspruch auf ein glückliches Leben.

Alles ist im Wandel, es gibt nichts, was uns ewig gehört.

Wenn wir uns für diese Gesetze des Lebens wirklich öffnen, können wir in unseren Grundfesten erschüttert werden. Möglicherweise werden wir überflutet von heftigen Gefühlen wie Angst und Panik, Leere oder Ohnmacht. Wir haben alle Mechanismen entwickelt, um uns vor der Wucht dieser Wahrheiten zu schützen, denn kaum jemand ist in der Lage, sie wirklich an sich heranzulassen, geschweige denn, sie auf einer tieferen Ebene anzunehmen. Die Auseinandersetzung mit ihnen ist eine lebenslange Aufgabe, die uns leichter gelingt, wenn wir bereit sind, uns immer wieder mit ihnen zu konfrontieren.

Wir können uns hier nicht all diesen Lebensprinzipien ausführlicher zuwenden, aber eines würde ich beispielhaft gerne etwas genauer betrachten: *»Ich habe weniger Kontrolle über mein Leben, als ich meine. Meine Zukunft ist offen, was morgen passiert, weiß ich nicht.«*

Ohnmacht, Hilflosigkeit und Ausgeliefertsein sind für uns Menschen extrem unbeliebte Empfindungen. Hilflosigkeit wird von Lebewesen gemeinhin als existenziell bedrohlich erlebt. Niemand möchte gerne in einen leeren Kühlschrank blicken und keine Ahnung haben, wie und wo er etwas zu essen auftreiben könnte. Es ist schrecklich für uns, wenn sich ein geliebter Mensch von uns abwendet und wir den inneren Faden zu ihm verlieren. Eine Klientin von mir beging fast Selbstmord, nachdem ihre älteste Tochter den Kontakt abbrach und ihr den Zugang zu den Enkelkindern verweigerte. Ein anderer Klient von mir wurde depressiv, als er als selbstständiger Unternehmensberater nach der Finanzkrise keine Aufträge mehr bekam und seine ganzen Bemühungen, neue Kunden zu finden, erfolglos blieben. Wir kriegen es mit der Angst zu tun, wenn wir eine Situation nicht kontrollieren können. Wer will schon der Spielball von Glück und Pech sein?

Sobald wir nun dieses Grundprinzip menschlichen Lebens anzunehmen versuchen, werden wir von diesen Gefühlen berührt. Wenn wir sie tragen können, ist es uns auch möglich, diese Lebensregel anzunehmen. Wenn wir Ohnmacht und Hilflosigkeit aber gar nicht aushalten, werden wir irgendeinen Trick anwenden, um dieser Empfindung zu entkommen. Wir werden beispielsweise zu Kontrollfreaks und überlassen nichts dem Zufall, oder wir schließen viele Versicherungen ab, um uns dadurch sicherer zu fühlen. Als Eltern wollen wir dann unseren Kindern vorschreiben, was sie zu tun haben, sogar wenn die Kinder eigentlich gar keine Kinder mehr sind. Oder wir rennen ständig zum Arzt, weil der kleine Hautfleck vielleicht doch Krebs sein könnte oder die leichte morgendliche Übelkeit bestimmt etwas ganz Schlimmes bedeutet.

Wie ich schon eingangs sagte, war es früheren Generationen viel bewusster, dass sie ihr Leben nicht in der Hand hatten. Der Bauer hatte entweder Glück mit dem Wetter, dann gedieh sein Weizen, oder er hatte Pech und die Ähre verfaulte am Halm. Statt Glück und Pech war es damals noch Gottes Wille, der Einfluss auf die äußere Welt nahm. Heute können die meisten Menschen mit dieser Vorstellung wenig anfangen. Wir bemühen andere Ideen, um unser Leben nicht als Spielball willkürlicher Kräfte erleben zu müssen. Jetzt heißt es, »es gibt keine Zufälle«, alles, was passiere, sei Teil eines »kosmischen Plans«. Nach dem sogenannten Gesetz der Resonanz soll das, was uns widerfährt, Folge unserer Gedanken und der Energien sein, die wir in die Welt tragen. Während früher die Religion die Aufgabe hatte, uns unsere Ängste zu nehmen, haben Esoterik oder verschiedene Formen magischen Denkens heute für viele Menschen diese Rolle übernommen. Ich weiß, dass das nicht jeder gerne liest und ich hoffe, dass ich mir mit diesen Sätzen keinen Shitstorm einhandle. Mir geht es nur darum, deutlich zu machen, wie herausfordernd es für uns ist, uns mit unseren Empfindungen von Ohnmacht und Kontrolllosigkeit auseinanderzusetzen. Nur zu gern würden wir glauben, dass alles »nach Plan läuft« und unsere Geschicke von einem liebevollen Gott oder einem kosmischen Gesetz gesteuert werden.

Himmel & Hölle

Als ich begann, mich mit dem Thema Akzeptanz zu beschäftigen, dachte ich zunächst, die Herausforderung dabei läge ausschließlich darin, unangenehme Empfindungen und Begebenheiten anzunehmen. Bei angenehmen Gefühlen, so dachte ich zumindest, dürfte die Akzeptanz kein Problem sein. Doch so absurd es klingen mag, manchmal tun wir uns mit der Annahme angenehmer Gefühle und Situationen sogar noch schwerer. Das klingt zunächst paradox, denn warum sollte es herausfordernd sein, etwas anzunehmen, was ein schönes Gefühl auslöst? Wir brauchen uns aber nur etwas genauer umzuschauen, um festzustellen, dass das vermeintlich Angenehme für uns manchmal alles andere als angenehm ist. Ein einfaches Beispiel dafür ist, wenn wir für etwas gelobt werden oder uns jemand sagt, wie toll er eine Eigenschaft oder Verhaltensweise von uns findet. Wie reagieren wir in solchen Situationen? Sagen wir: »Oh, das freut mich aber sehr, lass dich mal drücken!« Oder eher: »Ach, das ist doch gar nichts Besonderes«, und schauen dabei womöglich noch betreten zu Boden? Vielleicht nimmst du das nächste Lob zum Anlass, um genau zu beobachten, wie du darauf reagierst. Kannst du dem Blick des anderen wirklich standhalten und die Freude genießen? Oder wird es für dich unangenehm und du reagierst ganz verlegen?

In der Psychotherapie erleben wir Therapeuten es sehr oft, dass für manche Menschen das Angenehme und Schöne schier nicht zum Aushalten ist. Es gibt Menschen, die Grundüberzeugungen haben wie: »Mir darf es nicht gut gehen«

oder: »Ich habe kein Anrecht darauf, dass es mir gut geht«. Eine solche Überzeugung entwickelt sich beispielsweise infolge einer Trauma-Erfahrung. Geht es einem dann wider Erwarten doch einmal gut, so wird einiges unternommen, um diesen Zustand möglichst schnell wieder zu beenden. Wir Menschen haben ein sehr großes Verlangen danach, dass unsere Erlebnisse stimmig sind und zu unseren Überzeugungen über uns und die Welt passen. Im Zweifelsfall passen wir lieber die Wirklichkeit an unsere Grundüberzeugungen an, als das wir unsere Vorstellungen über uns und das Leben aufgeben würden.

In meinen Seminaren mache ich häufiger eine Partnerübung, in der ein Partner dem anderen berichtet, was im gegenwärtigen Leben schön ist und woran er Freude hat. Immer wieder berichten Teilnehmende, dass es ihnen während der Übung gar nicht gut ging. Sie schildern oft, dass Scham aufgekommen sei, die während der Übung immer schlimmer geworden wäre, zum Schluss hätte sich mancher gar nicht mehr getraut, von den freudvollen Seiten seines Lebens zu berichten. Wir erkunden dann gemeinsam, wie es überhaupt sein kann, dass wir uns für die schönen Dinge des Lebens schämen. Meistens hat es etwas mit unserer Konditionierung zutun. Sätze wie »Freu dich ja nicht zu früh«, »Nicht geschimpft ist genug gelobt« oder »Dir geht's wohl zu gut« hinterlassen ihre Spuren und lassen uns vorsichtig im Umgang mit freudvollen Erfahrungen werden. Sie bremsen uns aus, wenn es darum geht, etwas Schönes zu genießen oder sich wirklich an etwas zu erfreuen. Eine Teilnehmerin erzählte einmal, dass sie in den 1960er-Jahren als kleines Grundschulkind eines Morgens freudig zu ihrer Lehrerin gelaufen sei und ihr erzählt habe, wie schön sie sich selber finde. Daraufhin habe ihre Lehrerin sie geohrfeigt und sie angeschrien: »Sag so etwas nie wieder!« Diese Erfahrung habe sich so in sie eingefressen, dass sich auch heute immer noch ihr schlechtes Gewissen melde, wenn sie gute Gedanken über sich habe. Es ist eine spannende Frage, wie jüngere Generationen, die meist nicht mit solchen Botschaften aufwachsen, zukünftig in der Lage sein werden, sich an den Schönheiten des Lebens zu erfreuen.

Während der Arbeit an diesem Buch saß ich eines Tages im Garten und fragte mich: »Gibt es etwas, was ich gerade nicht annehme?« Ich erkundete meine Empfindungen, die Sinnesreize, Gedanken und Gefühle auf der Suche nach Widerstand und Ablehnung. Irgendwann merkte ich, dass ich ausnahmslos nach etwas Schwierigem suchte, nach einer unangenehmen Empfindung, einem Problem im Alltag, etwas Unerfülltem. Und dann war es wie mit den Kippbildern, bei denen man entweder die eine oder die andere Figur sieht: Plötzlich kippte das Bild, und ich sah, was ich alles nicht annahm: sehr viele positive Empfindungen, für die ich gar nicht wirklich offen war. Als mir das klar wurde, tauchten die angenehmen Empfindungen eine nach der anderen auf: die morgendliche Kühle an diesem Sommertag, der leichte Nebel, der noch über der Wiese lag, der leckere Tee, der zufriedene Hund an meiner Seite. Und darunter waren Freude und Dankbarkeit. Seit diesem Morgen bin ich der festen Überzeugung, dass es oft die angenehmen Empfindungen sind, für die wir uns nicht öffnen und die wir nicht annehmen.

Bist du auch manchmal auf der Suche nach den Problemen, statt beim Schönen und Genußvollen zu verweilen? Was ist für dich schwerer zu ertragen, Himmel oder Hölle? Gibt es Schönes in deinem Leben, das du kaum an dich heranlässt?

Die Hindernisse auf dem Weg zu mehr Annahme

In diesem und im nächsten Kapitel beschäftigen wir uns nun mit der Frage, wodurch sich Annahme einstellt und was wir dazu beitragen können. Wie ich bereits sagte: Annahme können wir nicht machen. Es gibt keine Technik, die wir anwenden können und dadurch in eine akzeptierende Haltung finden. Daher wirst du in diesem Buch die ansonsten in Ratgebern sehr beliebten drei, vier oder fünf Schritte zur angeblichen Lösung deiner Probleme vergeblich suchen. Annahme wird uns geschenkt. Die gute Nachricht dabei: Wir können durchaus etwas dazu beitragen, um sie in unser Leben einzuladen. Unser Anteil daran ist aber eher ein Nicht-Tun als ein Tun. Wir hören auf, gegen das anzukämpfen, was das Leben für uns bereithält. Wenn wir diesen Widerstand aufgeben, wenn wir uns nicht länger gegen das Leben stellen, um die Dinge anders zu gestalten als sie sind, kann sich Annahme einstellen.

Diese innere Haltung ist allerdings vielen von uns nicht geheuer. Du erinnerst dich vielleicht an das erste Kapitel, in dem ich beschrieben habe, wie oft wir versuchen, das Leben in unsere Vorstellungen zu zwingen, wie wir glauben, unser Glück machen zu können und uns gerade dadurch vom Glück entfernen. Dieser Sog hin zum sogenannten Tun-Modus oder

Handlungs-Modus ist stark. Wir glauben, auch Akzeptanz durch Tun und Anstrengung erreichen zu können. Akzeptanz ereignet sich jedoch eher im Sein-Modus. Während der Tun-Modus die Bereitschaft zum Verändern und Gestalten beschreibt, ist die Haltung im Sein-Modus eher die des Geschehenlassens. Annahme bedeutet zunächst einmal, bei dem bleiben zu können, was ist. Daher ist es auch eher die Haltung im Sein-Modus, die uns zur Annahme führt. Er besteht jedoch weniger in Passivität, sondern mehr in einer Wachheit gegenüber dem, was ist. Es geht dabei darum, bisher automatisiert ablaufende Handlungen und innere Vorgänge zu beenden, was durchaus mit Aktivität verbunden ist.

Wenn du dich in einem Raum mit lauter Musik aufhältst, dir aber Stille wünscht, dann musst du dich nicht anstrengen, die Stille zu finden, du musst nicht umherlaufen und die Stille suchen, du kannst einfach die Musik ausstellen und schon wird es still. Du tust durchaus etwas, du stellst ja die Musik aus, und trotzdem tust du nichts explizit, um die Stille herzustellen. Du kannst sie nicht machen. Sie ist immer schon da und wird immer da sein, denn hinter jedem Geräusch verbirgt sich die Stille. Du brauchst gar nichts weiter zu tun, als die Musik auszustellen, du brauchst nicht über die Stille nachzudenken, brauchst dich noch nicht einmal über den Lärm zu ärgern, jede Anstrengung ist unnötig und erzeugt nur noch mehr inneren »Lärm«.

Ganz ähnlich verhält es sich mit Annahme. Sie geschieht, wenn wir bestimmte Gewohnheiten und Denkmuster einstellen. Ebenso, wenn wir manch ungünstige Grundüberzeugungen loslassen, aufhören, uns selbst und andere zu beschuldigen oder anzuklagen, und uns nicht länger vor Gefühlen drücken, die bestimmte Situationen in uns auslösen. Denn das alles sind die Hindernisse, die uns den Weg zur Zustimmung erschweren. Schauen wir uns also die Hindernisse genauer an.

Schluss mit Schönreden, Wegschauen und Nicht-Wahrhaben-Wollen

Wenn wir einer Situation oder Tatsache annehmend begegnen wollen, müssen wir sie zunächst einmal überhaupt wahrnehmen. Was vielleicht auf den ersten Blick ganz selbstverständlich klingt, kann in kritischen Lebenslagen ausgesprochen schwierig sein. Wer eine Grippe bagatellisiert und so tut, als sei er gesund, der wird sich nicht schonen und kann seinen Körper nicht unterstützen, mit der Erkrankung zurechtzukommen. Wer sich eine zunehmende emotionale Distanz in der Partnerschaft als neue Freiheit schönredet, der trägt dazu bei, dass die Distanz immer größer wird und die Beziehung womöglich auseinandergeht.

In der psychotherapeutischen Arbeit bin ich sehr oft damit konfrontiert, dass es uns schwerfällt, offen und ehrlich hinzuschauen und erst mal das wahrzunehmen, was geschieht. Ein typisches Beispiel dafür sind eigene Belastungsgrenzen. Vielen fällt es schwer zu erkennen, wann etwas zu viel ist. Ein Burn-out etwa kommt nicht aus heiterem Himmel, er entwickelt sich auch nicht innerhalb weniger Wochen, sondern baut sich meistens über viele Monate bis Jahre langsam auf. Niemand kann behaupten, dass es keine Vorzeichen gab, denn die sind zahlreich: Schlafstörungen, Konzentrationsprobleme, nicht mehr abschalten können, schließlich gedrückte Stimmung und körperliche Beschwerden. Der Organismus schreit: »Ich kann nicht mehr, ich brauche eine längere Pause, mir ist alles zu viel.« All diese Anzeichen werden ignoriert, weil nicht sein kann, was nicht sein darf. Über Monate hinweg führt der Widerstand die Regie, doch letztlich ist er nicht nur zwecklos, sondern auch noch schädlich.

Burn-out kommt ja gerade, *weil* so lange alle Anzeichen ignoriert wurden.

Ich hatte einmal einen Manager in Behandlung, der regelmäßig in den Ferien, wenn die Anspannung nachließ, vor Erschöpfung zusammenbrach und seine Urlaube meistens mit Grippe oder Migräne im Bett verbrachte. Seine Schlussfolgerung daraus war, dass ihm Ferien ganz offensichtlich nicht guttäten, und er zukünftig besser keine Arbeitspausen mehr machen sollte. Er wäre mir am Anfang der Therapie beinahe davongelaufen, weil meine Empfehlung, sich Pausen zu gönnen, für ihn ganz und gar nicht attraktiv klangen. Erst als wir über längere Zeit ganz ehrlich herausgearbeitet hatten, wie es ihm im Alltag wirklich ging, blieb er schließlich und entschied sich, einiges in seinem Leben zu ändern. Es war nämlich nicht so, dass es ihm nur in den Ferien schlecht ging. Er war bei der Arbeit zwar extrem leistungsfähig, litt aber unter Schlafstörungen, Gereiztheit und nervöser Unruhe.

Ich habe in Therapiegesprächen schon sehr oft erlebt, dass allein durch die Bereitschaft, sich dem zuzuwenden, was in uns und mit uns passiert, ein heilsamer Prozess eingeleitet wird. Es gibt sogar das beeindruckende Phänomen einer Erstverbesserung, die allein dadurch möglich wird, dass sich jemand entscheidet, mit einer Therapie zu beginnen, und sich um einen Therapieplatz bemüht. Obwohl noch gar keine Gespräche stattgefunden haben, verbessert sich das Befinden. Hier wirkt sich alleine schon die Bereitwilligkeit heilsam aus, ehrlich anzuerkennen, dass man Hilfe braucht.

Wenn sich Klienten im therapeutischen Prozess einer vermeintlich unangenehmen Tatsache öffnen, sagen sie oft Sätze wie: »Das fühlt sich zwar nicht toll an, es ist aber trotzdem gut, dass das jetzt rausgekommen ist.« Oder: »Irgendwie bin ich sogar erleichtert, weil ich nicht länger so tun muss, als sei es nicht so.« Wahrzunehmen und anzuerkennen, was ist, ist keine Vorbereitung zur Akzeptanz, sondern bereits der erste Schritt! Viele Probleme lösen sich alleine schon dadurch auf, dass ein ehrliches Betrachten der Wirklichkeit stattfindet. So lautet auch eines der bedeutendsten Grundprinzipien psychotherapeutischer Arbeit: Wahrheit heilt! Wer bereit ist, der Wahrheit ins Angesicht zu schauen, der erfährt alleine schon dadurch Linderung. Auch wenn das nicht bedeutet, dass die Wahrheit schön ist oder sich angenehme Gefühle einstellen, wenn man ihr ehrlich begegnet. Meistens ist beides nicht der Fall. Aber sehr oft entspannt sich etwas in uns, wenn die Wahrheit betrachtet und ausgesprochen wird.

Das Verleugnen, Ignorieren, Schönreden und Wegschauen benötigt sehr viel innere Energie und Kraftanstrengung. Ich vergleiche das gern mit einem Fußball, den man unter Wasser zu drücken versucht. Das gelingt selbst für kurze Zeit nur mit äußerster Kraftanstrengung und ist den meisten von uns auch nur für wenige Minuten gar nicht möglich. Das Wegdrücken der Wahrheit benötigt ebenfalls deutlich mehr Energie als wir glauben. Wird es endlich aufgegeben, fällt auch die Anstrengung weg. Dadurch wird zwar das Unangenehme ebenfalls wahrnehmbar, aber irgendwann ist selbst das besser, als weiterhin zu versuchen, den Ball unters Wasser zu drücken. Das ist auch der Grund, weshalb manche Straftäter erleichtert sind, wenn sie verhaftet werden, oder warum manche suchtkranke Menschen ihren Ehepartnern dankbar sind, wenn diese ihnen quasi die »Pistole auf die Brust setzen« und mit Trennung drohen, wenn sie sich keine Hilfe holen.

Nehmen wir noch mal kurz das Beispiel des Managers, über den ich vorhin berichtet habe und der Folgendes wahrnimmt: Er schläft schlecht, ist oft nervös und kann nicht mehr abschalten. Oft treibt ihn sein Verstand mit Sätzen wie »Das schaffst du auch noch« oder »Andere kriegen das auch hin« dazu an, weiterzufunktionieren. Er bemerkt, dass sein Verhalten die Erschöpfung teilweise sogar noch schlimmer macht. Statt am Wochenende einfach mal nichts zu tun, räumt er die Garage auf und wird dabei zunehmend gereizter. Irgendwie kann er mit dem Tun ganz offensichtlich nicht aufhören. Seine Frau sagte ihm: »Lass dich doch mal zwei Wochen krankschreiben, so geht das doch nicht weiter.« Er wusste, dass sie recht hat, doch dann kam die innere Stimme: »Das kannst du nicht bringen, dann bricht doch alles zusammen.« Er ist oft verzweifelt, irgendwie macht das Leben keinen Spaß mehr; und wenn er ganz ehrlich ist, hat er sogar schon den Gedanken gehabt, dass er eigentlich gar nicht mehr leben mag.

So ehrlich sich selbst gegenüber zu sein, ist ganz schön schwierig. Man muss bereit sein, alles wahrzunehmen, was dazugehört: alle Gefühle, Gedanken, Körperreaktionen und Handlungsimpulse. Doch wer in der Lage ist, seine Situation so ehrlich anzuschauen, der kann auch deutlich besser dieser Wahrnehmung eine hilfreiche Handlung folgen lassen.

Im Kapitel *Die vielen Herausforderungen der Annahme* hast du bereits Situationen zusammengetragen, bei denen dir die Akzeptanz des Gegebenen schwerfällt. Im Folgenden werden wir damit nun genauer arbeiten. Bitte sieh dir deine dazu erstellte Liste noch einmal an und wähle ein Thema aus. Lass dir etwas Zeit, um dir das, worum es geht, genauer anzuschauen. Wichtig ist, dass du dir wirklich die gesamte Situation verdeutlichst, ganz so, wie ich es am Beispiel der Überforderung gerade beschrieben habe. Lass dir Zeit, um dir der äußeren Lage, all deiner Empfindungen, deiner Handlungsimpulse und deines inneren Dialogs bewusst zu werden.

Schädliche Grundüberzeugungen nicht länger glauben

Grundüberzeugungen oder Glaubenssätze sind verinnerlichte Gedanken, die wir oft schon sehr früh in unserer Lebensgeschichte erworben haben. Wir stützen uns auf sie, sie geben uns Sicherheit. Deshalb sind wir ebenso wenig bereit, sie aufzugeben, wie der Hund den geliebten Knochen loslässt. Ich habe von diesen Überzeugungen über sich selbst und über die Welt im vorherigen Kapitel schon mal kurz berichtet. In der Psychotherapie haben sie einen guten und einen schlechten Ruf zugleich. Denn Therapeuten wissen einerseits, wie wichtig es ist, Glaubenssätze, die einem nicht guttun, zu verändern, um ein zufriedenes Leben führen zu können. Sie merken andererseits auch, wie hochgradig veränderungsresistent diese Grundüberzeugungen sind, und wie schwer es uns fällt, sie aufzugeben. Das gilt selbst dann, wenn sie ganz offensichtlich nicht (mehr) zu unserer Lebenswirklichkeit passen. Grundüberzeugungen machen es uns schwer, uns selbst, andere Menschen oder eine bestimmte Situation anzunehmen. Hier drei Beispiele dazu:

Stefanie, 48, verurteilt sich für ihr Übergewicht.
Ihre Grundüberzeugung: »Wer übergewichtig ist, ist eine Versagerin und hat sich nicht im Griff.«
Diese Grundüberzeugung stimmt ganz offensichtlich nicht. Stefanie ernährt sich größtenteils sehr ausgewogen und gesund und bewegt sich recht viel. Sie hat aber eine genetische Disposition für Übergewicht, weshalb Ernährungsumstellung und Bewegung bei ihr nur kleine Veränderungen bewirken.

Marlies, 66, klagt sich dafür an, dass sie sich vor drei Jahren mit ihrer Schwester zerstritten hat und seitdem Funkstille zwischen beiden herrscht.
Ihre Grundüberzeugung: »Ich muss mit allen gut auskommen.« Diese Grundüberzeugung führt bei ihr zu einer Selbstverurteilung. Sie hat mehrere vergebliche Versuche unternommen, um wieder Kontakt zu ihrer Schwester aufzunehmen. Der Beziehungsabbruch ist sehr belastend für sie.

Tom, 39, kann es nicht annehmen, dass seine Partnerin Sport hasst, obwohl ihm Sport sehr viel bedeutet.
Seine Grundüberzeugung: »Wenn ein Paar wirklich zusammenpasst, haben beide gemeinsame Interessen. Je mehr man miteinander macht, umso besser für die Partnerschaft.«
Diese Grundüberzeugung macht Tom das Leben wirklich schwer. Eigentlich hat er gar keine Probleme damit, alleine Sport zu machen. Aber seine Grundüberzeugung bewirkt, dass er ständig denkt, es müsste eigentlich anders sein.

Der *erste Schritt* im Umgang mit Grundüberzeugungen besteht darin, sie überhaupt erst einmal zu erkennen. Es ist nicht ganz einfach, den eigenen Glaubenssätzen auf die Schliche zu kommen. Manche befinden sich eher auf einer oberflächlichen Ebene, andere sind tief verborgen, und wenn wir sie zum ersten Mal hören, reagieren wir eher mit einem »Das denke ich garantiert nicht« als mit einem »Ja, davon bin ich überzeugt«. Tiefere Grundüberzeugungen herauszufinden setzt oft therapeutische Arbeit oder einen sehr intensiven und ehrlichen Selbsterforschungsprozess voraus. Sie sind wie das Brummen des Kühlschranks, das wir schon lange nicht mehr hören, einfach weil wir uns schon so daran gewöhnt haben.

Trotzdem gibt es durchaus Möglichkeiten, den eigenen

Glaubenssätzen auch durch das Lesen dieses Buches und kleinere Übungen auf die Spur zu kommen. Die einfachste ist, sie wiederzuerkennen. Daher habe ich hier einige Grundüberzeugungen aufgelistet, die sehr viele Menschen haben. Welche davon kommen dir vertraut vor? Lass dir Zeit, um die Glaubenssätze in Ruhe zu lesen. Vielleicht markierst du alle, die dir sehr vertraut sind.

- Ich muss besser sein als die anderen.
- Ich bin nicht gut genug.
- Ich darf keine Schwäche zeigen.
- Ich muss mit allen zurechtkommen.
- Ich muss anderen helfen.
- Ich muss gerecht sein.
- Ich bin eine Versagerin.
- Ich muss von allen geliebt werden.
- Ich kann niemandem trauen.
- Ich muss erfolgreich sein.
- Ich darf nichts verpassen.
- Ich muss nett zu allen sein und mit allen gut auskommen.
- Ich muss immer stark sein und mit allen Schwierigkeiten zurechtkommen.
- Ich muss perfekt sein und darf keine Fehler machen.
- Ich muss mich um andere kümmern und dafür sorgen, dass es ihnen gut geht.
- Ich muss besonders sein.
- Ich muss allen gefallen.
- Ich kann niemandem wirklich vertrauen.
- Wenn jemand nicht meiner Meinung ist, dann heißt dass, dass er mich nicht mag.
- Ich muss kreativ und intelligent sein.

- Wenn die anderen wüssten, wie ich wirklich bin, dann würde niemand mehr etwas mit mir zu tun haben wollen.
- Ich bin nicht vertrauenswürdig.
- Ich bin nicht gut genug.
- Ich bin nicht liebenswert.
- Ich muss mich schämen.
- Ich verdiene, dass es mir schlecht geht.
- Ich muss immer aktiv sein.
- Wenn ich scheitere, will niemand mehr etwas mit mir zu tun haben.
- Ich darf nicht krank sein.
- Ich bin schwach und andere sollten sich um mich kümmern.
- Ich darf mir nicht anmerken lassen, wenn mir etwas zu viel wird.
- Ich muss immer tun, was andere von mir erwarten, sonst werde ich abgelehnt.
- Ich darf nicht »Nein« sagen.
- Ich bin nirgendwo sicher.
- Andere sollten mich nie verletzen oder enttäuschen.
- Ich bin anders als die anderen.
- Ich gehöre nicht dazu.
- Mit mir kann man es machen.
- Wenn ich um etwas bitte, zeigt dies meine Schwäche.
- Ich darf nicht wütend oder ärgerlich sein.

Neben den hier genannten gibt es noch viele andere. Lass dir einem Moment Zeit, um herauszufinden und aufzuschreiben, ob du noch weitere Grundüberzeugungen entdeckst, die dein Leben beeinflussen.

Nimm dir nun noch mal die Situation oder Tatsache von deiner Liste vor, die du dir zur Annahme ausgesucht hast. Du hast sie vorhin bereits ehrlich betrachtet. Nun kannst du erkunden, ob du einen oder mehrere Glaubenssätze findest, die mit dieser Situation in Beziehung stehen und die dir die Annahme erschweren. Kannst du einen Zusammenhang entdecken?

Der *nächste Schritt* besteht nun darin, freundlich mit unseren Glaubenssätzen umzugehen, uns nicht für sie zu verurteilen und nicht gegen sie anzukämpfen. Dieser Kampf ist genauso ausweglos wie jeder Kampf gegen Gedankeninhalte oder Gefühle. Grundüberzeugungen haben häufig eine sinnvolle Funktion, sie sollen uns vor Gefahren schützen, nehmen Risiken vorweg oder sollen die Wiederholung unangenehmer Erfahrungen verhindern. Anstatt gegen sie zu kämpfen, ist es hilfreicher, ihnen mit einer freundlichen Haltung zu begegnen und zu untersuchen, wie sie lebensgeschichtlich entstanden sind. Denn wenn wir sie bekämpfen, stärken wir sie nur, und werten gleichzeitig auch unsere Erfahrungen ab, die sie hervorgebracht haben. Wenn jemand von seinen Eltern geschlagen wurde und die Überzeugung entwickelt hat »Andere Menschen sind gefährlich«, dann will diese schwierige lebensgeschichtliche Erfahrung anerkannt werden. Die Überzeugung, dass andere gefährlich sind, ist nach dieser Erfahrung absolut stimmig und eine schlüssige Folge. Meistens aber sind unsere Grundüberzeugungen in der Gegenwart nicht mehr zutreffend und hilfreich.

Wir können mit Grundüberzeugungen ähnlich umgehen wie mit den Geschichten von kleinen Kindern. Wenn ein kleines Mädchen uns erzählt, dass es eigentlich eine Prinzessin sei und bald in einem großen Schloss wohnen würde anstatt bei Mama und Papa in der etwas engen Dreizimmerwohnung, dann werden wir das ihm nicht ausreden. Wir werden uns in keine Diskussion mit dem Kind verwickeln und nicht darauf bestehen, dass es garantiert keine Prinzessin ist. Wir werden vielmehr verständnisvoll reagieren und verstehen, dass das Mädchen sich offensichtlich eine größere Wohnung oder ein eigenes Haus wünscht. Unsere Haltung können wir als liebevolle Klarheit beschreiben: Wir sind klar in unserer Wahrnehmung, wir glauben nicht plötzlich, dass das Kind eine Prinzessin ist. Unsere Haltung ist freundlich und liebevoll, mit Verständnis und ohne Verurteilung.

Dies ist eigentlich auch schon der *folgende Schritt* im Umgang mit Grundüberzeugungen: Wir gewinnen langsam einen inneren Abstand zu ihnen. Das kann auf ganz verschiedene Art und Weise geschehen. Wir schaffen Abstand, wenn wir wissen, woher unsere Glaubenssätze kommen, oder wenn wir verstehen, dass es einfach nur Gedanken- und Gefühlsformationen sind, die aus einer anderen Zeit stammen und für die aktuelle Wirklichkeit nicht mehr adäquat sind. Trotzdem verändern sich Glaubenssätze nicht allein durch Einsicht und Verstehen. Selbst wenn die Überzeugung als unangemessen erkannt wurde, fühlt sie sich emotional ja richtig an. Glaubenssätze sind keine kognitive Angelegenheit, sondern ganz im Gegenteil hoch emotional. Mit ihnen sind sehr starke Gefühle verbunden, vor allem Angst und Panik, aber auch Scham, Ohnmacht oder Hilflosigkeit, Isolation oder Einsamkeit. Es sind die Gefühle, die den Grundüberzeugungen ihren »Saft« geben und sie aufrechterhalten. Diese Gefühle können ergründet werden. Wenn jemand beispielsweise die Überzeugung »Ich muss erfolgreich sein« hat, dann kann er sich fragen: »Was würde geschehen, wenn ich nicht erfolgreich wäre?« Er stellt dann möglicherweise fest, dass er befürchtet, seine Partnerin könne sich von ihm abwenden oder er könnte von anderen negativ bewertet werden. In diesem Fall wäre Angst das Gefühl, das hinter der Grundüberzeugung verborgen ist.

Viele dieser Gefühle brauchen Raum, damit sie sich beruhigen können. Wenn wir uns als kleines Kind oft einsam gefühlt haben, weil die Eltern auch am Abend beide noch arbeiten waren, dann kann eine Veränderung geschehen, wenn der Schmerz des kleinen Kindes noch mal gefühlt wird. Wenn wir erkennen, dass wir jetzt gar nicht alleine sind und dass wir selbst fürsorglich mit dem eigenen kindlichen Anteil umgehen können. Da die Grundüberzeugungen fast durchgängig in der Kinder- und frühen Jugendzeit entstanden sind, sind es meistens die kindlichen Gefühle, die sich hinter ihnen verbergen. So stecken hinter Versagensängsten und Überzeugungen wie »Ich schaffe das sowieso nicht« oder »Ich bin zu dumm dazu« meist Erinnerungen an Situationen, in denen man als Kind kritisiert oder abgewertet wurde.

Besonders gut gewinnen wir Abstand zu unseren Grundüberzeugungen, indem wir neue Lernerfahrungen sammeln. Ich war jahrzehntelang davon überzeugt, handwerklich eine Niete zu sein, die am besten noch nicht einmal versucht, einen Nagel in die Wand zu schlagen. Die Bohrmaschine hat meine Frau mit in die Ehe gebracht. Mehrere Jahrzehnte habe ich wenig getan, um neue Erfahrungen zu sammeln, zu groß war die Angst, zu versagen. Bis ich gemeinsam mit meiner Frau in einen ehemaligen Bauernhof gezogen bin. Da blieb mir keine andere Möglichkeit, als mit meiner neuen Kettensäge den vom Sturm umgewehten Apfelbaum zu zersägen, mit dem Bohrhammer den alten Putz von den Wänden zu hämmern und das kaputte Scheunentor zu reparieren. Ich bin zwar immer noch kein guter Heimwerker, aber ich muss nicht bei jeder Kleinigkeit gleich den Fachmann rufen, und meine Grundüberzeugung, zwei linke Hände zu haben, hat sich in Luft aufgelöst.

In einem *letzten Schritt* können wir den besonders ungünstigen Grundüberzeugungen stimmigere Gedanken entgegensetzen, die heute wahr sind. Gerade an diesem Punkt aber gibt es leider sehr viele Missverständnisse. Zu oft wird versucht, auf die Grundüberzeugung mit einem entgegengesetzten Satz zu reagieren. Aus »Ich bin nicht gut genug« wird dann »Ich bin toll und schaffe das«. Doch solche Sätze werden zum einen nicht geglaubt und können zum anderen einen paradoxen Effekt entfalten, indem sie die gegenteilige Grundüberzeugung noch verstärken.[19] Wer sich sagt: »Ich bin toll und schaffe das«, der kann die innere Reaktion: »Aber das stimmt doch überhaupt nicht und gerade neulich gab es eine Situation, da hättest du viel besser sein müssen« aktivieren, und hat damit das Gegenteil von dem erreicht, was er sich wünscht.

Grundüberzeugungen erkennen
↘
Freundlich mit ihnen umgehen
↘
Abstand gewinnen
↘
Neue Überzeugungen entwickeln

Die Veränderung von Grundüberzeugungen muss behutsam erfolgen und sollte mit neuen Erfahrungen gekoppelt sein. Wer den Glaubenssatz kennt: »Mich mag keiner«, der sollte eine Liste seiner Freunde und Bekannten machen und sich die Begegnungen der letzten Zeit vor Augen führen. Ein stimmiger Gedanke könnte dann beispielsweise lauten: »Kerstin und Monika mögen mich. Sie sind gerne mit mir zusammen und kommen mich öfter besuchen.« Man muss sich Zeit lassen, um Sätze zu finden, denen man zustimmen kann und die der Wirklichkeit näherkommen als die verstaubten Grundüberzeugungen.

Sich und andere nicht mehr verurteilen

Selbstbeschuldigungen behindern Akzeptanz ganz enorm. Wenn ich etwas Schwieriges annehmen möchte und mich dafür verurteile, dass es eingetreten ist, oder ich es noch nicht bewältigt habe, gilt es plötzlich zweierlei anzunehmen: das ursprüngliche Ereignis und meine eigene Schuld daran. Und diese Doppeldosis ist oft einfach zu viel für uns.

Unser Verstand kann es nicht lassen, er liebt es, zu bewerten und zu kritisieren. Und auch Beschuldigungen, Verurteilungen und Anklagen bereiten ihm ein gewisses Vergnügen. Bei den meisten Menschen nörgelt er dauernd an allem herum, das klingt dann beispielsweise so:

Ich bin ja selber schuld, …

- … dass ich so dick bin.
- … dass meine Tochter eine psychische Erkrankung entwickelt hat.

- … dass ich keinen Partner habe.
- … dass meine Selbstständigkeit gescheitert ist und ich jetzt 30 000 Euro Schulden habe.

Aber auch andere kriegen ihr Fett ab:

- Mir geht es schlecht, weil du so verständnislos bist.
- Weil du so trödelst, verpassen wir immer die Bahn.
- Immer lässt du alles rumliegen.
- Du hast mir mein Leben versaut.
- Der laute Nachbar ist schuld, dass ich immer so nervös bin.

Wofür verurteilst du dich? Wen oder was klagst du an? Nimm dir einen Moment lang Zeit und denke ein wenig darüber nach.

Betrachten wir die Dynamik der Selbst- und Fremdverurteilung etwas genauer anhand eines Beispiels:

Silkes Partner hat sich vor Kurzem von ihr getrennt. Die Trennung kam für sie plötzlich und unerwartet, umso schwerer fällt es ihr, sich damit abzufinden. In ihrem Kopf toben die Gedanken nur so. Meistens verurteilt sie sich selbst: »Ich bin selber schuld, ich hätte mehr auf ihn eingehen müssen. Wenn ich ihn öfter verführt hätte, wäre er sicher geblieben. Wie kann man nur so blöd sein wie ich.« Sie wälzt sich nachts von einer Seite auf die andere und die Gedanken wollen kein Ende nehmen. Manchmal verwandelt sich diese Selbstverurteilung in Vorwürfe, die sich gegen ihren Ex-Freund richten: »So eine Unverschämtheit und Undankbarkeit, sich von mir zu trennen.

Dabei war er das Problem in unserer Beziehung. Er war oft so gemein und unfair, und jetzt lässt er mich auch noch wegen einer anderen sitzen.«

Eine solche Selbstbeschuldigung und Anklage dominiert meistens die erste Phase der Auseinandersetzung nach einer Trennung – und lässt dann nach. Die kritischen Stimmen werden schwächer und schließlich wächst eine akzeptierende Haltung bezüglich der gegebenen Situation. Silke wäre zu wünschen, dass sie sich bald sagen kann: »Es ist, wie es ist, es ist verdammt schade, ich bin traurig darüber, dass er sich von mir getrennt hat, aber er hat seine Gründe dafür. Wir hatten es öfter schwer miteinander und das lag an einer Dynamik zwischen uns beiden, zu der wir beide beigetragen haben.« Um an diesen Punkt zu kommen, muss Silke zuvor die Anklage und Selbstverurteilung loslassen.

Wir alle kennen Menschen, die Vergangenes nicht ruhen lassen können und über Jahre oder gar Jahrzehnte mit Kränkungen, Verletzungen oder Enttäuschungen beschäftigt sind. Psychologen haben diesem Phänomen vor einigen Jahren einen Namen gegeben, sie sprechen von der sogenannten »Verbitterungsstörung«. Sie ereilt Menschen, die in der Anklage gefangen bleiben, wobei sich im Fall der Verbitterung die Anklage nicht gegen die eigene Person richtet, sondern gegen andere Menschen, die Gesellschaft oder das Leben allgemein.

Erst wenn die Selbstverurteilung weniger wird, haben wir eine realistische Chance, uns auf eine gute Art mit der eigentlichen Situation auseinanderzusetzen. Davor sind wir die Geiseln des inneren Kritikers, der mit seinen Vorhaltungen oft alles noch schlimmer macht:

Meike trinkt gerne Wein, aber in letzter Zeit wird es doch zu viel. Sie ist nicht suchtkrank, aber so oft eine halbe Flasche am Abend zu trinken, tut ihr einfach nicht gut. Häufig wacht sie mitten in der Nacht auf und durch den Alkohol hat sie auch schon zugenommen. Sie hat sich schon öfter vorgenommen, weniger zu trinken, schafft es aber irgendwie nicht. Meike verurteilt sich dafür, sie findet, sie sei schon wie ihr Vater, der auch viel getrunken hat und für den sie sich als Kind früher schämte. Sie sagt sich: »Wie kann man nur so undiszipliniert sein.« Doch wenn sie ehrlich ist, stellt sie fest, dass sie manchmal sogar noch ein Gläschen mehr trinkt, weil sie sich schon während des Trinkens schämt, dass sie es überhaupt tut. Durch wissenschaftliche Studien wissen wir: Wer sich für sein Verhalten selber verurteilt, dem fällt es bedeutend schwerer es zu ändern, als jemandem, der freundlich mit sich umgehen kann.

In den allermeisten Fällen sind unsere Selbstbeschuldigungen unfair und fies. Wir beschuldigen uns für Gedanken, Gefühle und Handlungsimpulse, obwohl wir sie weit weniger kontrollieren können, als wir uns wünschen. Viele von ihnen sind automatisch ablaufende Prozesse, bei denen wir wenig oder gar nicht mitzureden haben. Letztlich ist unser vermeintlich freier Wille meistens alles andere als frei, sondern Folge unserer biografischen Erfahrungen, unserer Konditionierung, des gesellschaftlichen Kontextes, unserer hormonellen Verfassung und vieler weiterer Faktoren. Wir sollten uns aber das Leben nicht doppelt schwer machen, indem wir uns auch noch für die Selbstverurteilung verurteilen.

Eine Klientin von mir hat sich jahrelang dafür verurteilt, dass es ihr noch nicht besser ging. Sie berichtete von Mitpatienten, die sie auf psychiatrischen Stationen kennengelernt hatte und die inzwischen deutlich stabiler leben konnten. Sie aber hatte ihre Essstörung noch nicht überwunden und konnte auch nicht mit den Selbstverletzungen aufhören. Dafür gab es in ihrer Wahrnehmung nur eine Schuldige, nämlich sie selbst. Offensichtlich, so ihre Sicht, hatte sie in den verschiedenen Therapien nicht engagiert genug mitgearbeitet, sonst hätte es ihr doch längst besser gehen müssen. Ihre noch bestehenden Symptome waren für sie der Beweis dafür, dass sie wieder mal nichts auf die Reihe gekriegt hatte. Aber ich wusste, dass das nicht stimmte, denn sie war eine Klientin, die sich außerordentlich für ein zufriedeneres Leben engagierte. Die Ursache für den langsamen Genesungsweg fanden wir eigentlich ziemlich rasch: Es waren die schwersten Traumatisierungen, die sie als Kind erleiden musste, und die deutlich belastender waren als die von vielen anderen Betroffenen, denen sie bei ihren Klinikaufenthalten begegnet war. Als sie das erkannte, war sie immer noch betrübt darüber, dass es bei ihr so langsam voran ging, aber die Selbstverurteilung wich langsam einem wohlwollenden Verständnis.

In unserer Gesellschaft sind wir mehrheitlich davon überzeugt, dass wir selber für unser Leben verantwortlich sind und selbstbestimmt Entscheidungen treffen. Doch dieses Denken hat vielfältige negative Folgen. Wir beschuldigen uns selber, wenn die Dinge nicht so laufen, wie wir es uns vorstellen, und können das nur schwer akzeptieren, was wiederum zu einer geringeren Lebenszufriedenheit führt.

Eine Klientin von mir hat sehr schlechte Zähne und bekam schon nach der Pubertät Kronen, die dann ein Jahrzehnt später durch Brücken ersetzt werden mussten. Schließlich bekam sie mit Anfang vierzig eine Teilprothese. In einem esoterischen Ratgeber über die psychischen Gründe für körperliche Krankheiten hatte sie gelesen, dass Probleme mit den Zähnen auf Entscheidungsschwäche hindeuten. Also versuchte sie jahrelang, sich immer möglichst klar zu entscheiden, sie engagierte für dieses Thema sogar einen Coach. Und wenn sie beim nächsten Zahnarzttermin erfuhr, dass sie wieder einen Zahn verlieren würde, gab sie sich selbst die Schuld dafür, offensichtlich hatte sie das mit den Entscheidungen wieder mal nicht gut auf die Reihe gekriegt. Viel wahrscheinlicher als ein Zusammenhang zwischen schlechten Zähnen und der Unfähigkeit, Entscheidungen zu tref-

fen, dürften jedoch biologische Faktoren sein, auf die sie gar keinen oder wenig Einfluss hatte. Ich finde, es ist schlimm genug, schlechte Zähne zu haben, man muss sich nicht auch noch schuldig dafür fühlen.

Betrachte nun noch einmal die Situation, die du dir vorhin herausgesucht hast. Hängen mit dem, was es anzunehmen gilt, irgendwelche Selbstverurteilungen oder Anklagen gegen andere Menschen oder das Leben zusammen? Lass dir etwas Zeit, um das herauszufinden. Nimm die Beurteilungen wahr. Vielleicht verändern sie sich schon dadurch, dass du sie bewusst wahrnimmst?

Gefühle nicht länger wegdrücken

Ein Ereignis oder eine Situation zu akzeptieren ist auch deshalb so schwer, weil wir mit unangenehmen Gefühlen konfrontiert werden. Es fällt uns oft schwer, Dinge im Außen anzunehmen, weil unsere inneren Empfindungen, die damit einhergehen, alles andere als angenehm sind. Daher gelingt Annahme meistens nur, wenn wir bereit sind, diese Gefühle zu fühlen und ihnen Raum zu geben.

Hier sind zwei Beispiele dazu:

Simone, 48 Jahre, hat alleine ihren Sohn Piet großgezogen, der nun kurz davor steht, bei ihr auszuziehen. Für sie ist die

Vorstellung, bald ohne ihn zu wohnen, ganz fürchterlich, und sie hat schon versucht, ihn zum Bleiben zu bewegen. Zugleich würde sie sich wünschen, ihn auf eine gute Art gehen lassen zu können. Als sie ihre Gefühle prüft, stellt sie fest, dass vor allem ihr Einsamkeitsempfinden sie quält. Außerdem hat sie Angst, dass ihrem Sohn etwas passieren könnte und sie ihn nicht mehr beschützen kann. Einsamkeit und Angst sind die Gefühle, denen sie sich wohl oder übel stellen muss, um ihren Sohn in die Selbstständigkeit gehen lassen zu können.

Bernd, 58 Jahre, hat im letzten Jahr seine Frau verloren. Sie verstarb nur sechs Monate nach der Diagnose an einem Darmtumor. Nach ihrem Tod arbeitete er über Wochen fast nur und übernachtete teilweise sogar in seiner Firma. Irgendwann wurde ihm klar, dass er sich damit von seiner großen Traurigkeit ablenkte. Er wollte sich nicht in der gemeinsamen Wohnung aufhalten, weil es dort so vieles gab, was ihn schmerzlich an seine Frau erinnerte. Schließlich entschied er sich, weniger zu arbeiten und mehr zu Hause zu sein, auch wenn das den Schmerz immer wieder aktivierte.

Annahme und Gefühle hängen also ganz eng zusammen. Daher gilt: Wer einen guten Zugang zu seinen Gefühlen hat und in der Lage ist, diese wirklich zu fühlen, dem gelingt Annahme meistens deutlich besser als jemandem, dem seine Gefühle fremd sind und der sie kaum wahrnimmt.

Sich den eigenen Gefühlen zuzuwenden, ist jedoch keine einfache Angelegenheit. Ganz viele Menschen haben große Mühe damit, ihre Gefühle überhaupt zu erkennen. Und noch schwieriger wird es, wenn wir herausgefordert sind, sie auch tatsächlich zu fühlen. Wir haben alle Dutzende von Strategien entwickelt, um uns vor ihnen zu drücken oder sie zumindest abzuschwächen: Der Fernseher, die Süßigkeiten, Alkohol und Drogen, das sind nur einige der häufigsten Methoden. Bernd aus dem obigen Beispiel hat die Arbeit genutzt, um den Schmerz über den Tod seiner Frau nicht fühlen zu müssen. Dass er sich damit längerfristig schadet und den Verlust auch nicht verarbeiten kann, ist ganz offensichtlich. Trotzdem greifen wir unbewusst zu solchen Strategien. Besonders oft nutzen wir unseren Körper, um uns vor Gefühlen zu schützen. Wer die Zähne zusammenbeißt oder oberflächlich atmet, der nimmt Gefühle nicht mehr so intensiv wahr. »Da musst du die Zähne zusammenbeißen«, heißt es im Volksmund, wenn man mit einer schwierigen Situation konfrontiert ist. Aber warum gibt es diese Empfehlung, schließlich wird die heikle Situation ja nicht anders, wenn man den Unterkiefer anspannt und die Zähne zusammenbeißt. Was aber anders wird, ist unser Erleben des Gefühls. Die Empfehlung »Beiß die Zähne zusammen« müsste also eigentlich ergänzt werden: »… damit das schlimme Gefühl ein bisschen schwächer wird.«

Gefühle zu fühlen bedeutet übrigens nicht, dass wir in ihnen baden oder sie absichtlich auslösen sollten. Es geht vielmehr darum, sich für all die Gefühle zu öffnen, die sich ganz von alleine zeigen, wenn wir unsere ganzen Tricks einstellen, mit denen wir ihnen bisher aus dem Weg gegangen sind.

Sehr häufig wird aus einem Gefühl, das wir nicht fühlen wollen, ein anderes. So entsteht aus Gefühlen wie Traurigkeit oder Ohnmacht in vielen Fällen Ärger und Wut. Wer sich lange im Voraus auf den Urlaub in Süditalien gefreut hat und dann bei Dauerregen auf Sizilien hockt, der wird fast zwangsläufig von Enttäuschung berührt. Wenn der Schmerz nicht gefühlt wird, kann Ärger auftauchen. Man streitet sich dann mit dem Partner oder der Hotelleitung, und am Ende gibt es nicht nur Dauerregen, sondern auch noch Dauerstreit.

Die Gefühle, die direkt durch ein Ereignis oder eine Situation ausgelöst werden, nennen wir die primären Gefühle. Sie sind oft besonders unangenehm. Deshalb überdecken wir sie unbewusst mit den sogenannten sekundären Gefühlen. Beim Beispiel des Dauerregens auf Sizilien ist das primäre Gefühl die Enttäuschung und die damit verbundene Traurigkeit, das sekundäre Gefühl ist der Ärger. Es ist oft der Fall, dass gerade Ärger ein anderes Gefühl überdeckt und jenes darunter sich verbergende Gefühl weicher, zarter und verletzlicher ist. Dieses zu zeigen fällt uns besonders schwer, wir würden es am liebsten vor uns selber und vor den anderen verstecken.

Wenn ein Gefühl nicht gefühlt wird, erschwert das nicht nur den Prozess der Akzeptanz, sondern macht es auch schwerer, sinnvoll zu handeln. Denn unsere Gefühle weisen uns einen Weg zu sinnvollen Verhaltensweisen. Wenn ich mir die ständigen Nörgeleien meiner Schwiegermutter schönrede und meinen Ärger gar nicht fühle, kann ich ihr auch nicht entgegentreten und ihr sagen, dass sie sich anders verhalten soll. Wenn ich meine Traurigkeit über unerfüllte Sehnsüchte nicht fühle, kann ich mich nicht auf den Weg machen, um herauszufinden, was sich doch noch verwirklichen lässt. Es gibt also viele gute Gründe, sich seinen Gefühlen zuzuwenden.

Wenn Gefühle eine gewisse Intensität haben, können wir sie leichter wahrnehmen. Wer etwa bedroht wird oder sich bedroht fühlt, der reagiert mit starker Angst. Angst ist körperlich leicht spürbar: der schnelle Herzschlag, die feuchten Hände. Man kann sie förmlich riechen, denn der Angstschweiß dringt uns aus jeder Pore. Wer eine beglückende Nachricht erhalten hat, der strahlt über beide Ohren, und wer wütend ist, ist oft auch laut oder sogar Furcht einflößend. Starke Gefühle treten natürlich auch in Situationen auf, in denen wir zur Annahme herausgefordert sind. Ein typisches Beispiel ist die Trauer nach einem Verlust. Wer einen geliebten Menschen verloren hat, der kann beim Frühstück am nächsten Morgen nicht in aller Ruhe die Tageszeitung lesen. Trauer ist ein alles beherrschendes Gefühl, daneben hat nichts mehr Platz. Wenn wir mit Ereignissen konfrontiert sind, die solche heftigen Gefühle auslösen, dann haben wir meistens gar keine andere Wahl, als das Gefühl zu fühlen. Wir müssen ihm gar keinen Raum geben, es nimmt sich den Raum schon selber. Trotzdem versuchen wir sogar in solchen Situationen, dem ungewünschten Gefühl aus dem Weg zu gehen, wie wir am Beispiel von Bernd gesehen haben.

Doch die meisten Gefühle haben nicht diese Intensität oder dauern nicht lange an. Sie sind eher von milder Ausprägung und klingen nach wenigen Sekunden oder Minuten wieder ab. Daher werden sie oft auch gar nicht wahrgenommen. Es sind aber genau diese feinen Gefühlsqualitäten, die zum Beispiel darüber entscheiden, ob wir wirklich den gegenwärtigen Moment annehmen können. Sie beeinflussen auch, wie annehmend wir mit den vielen kleinen Alltagssituationen umgehen, die uns begegnen. Wir können nicht durch irgendeine einfache Technik von jetzt auf gleich Zugang zu diesen feineren Qualitäten finden. Aber wir können unsere Wahrnehmungsfähigkeit für unsere Gefühle fördern, indem wir uns immer wieder fragen, welches Gefühl jetzt gerade da ist.

Zum Einstieg hilft es meistens, wenn wir uns zunächst mit unseren Stimmungen beschäftigen. Stimmungen sind im Gegensatz zu Gefühlen länger anhaltend. Wir können am Morgen mit einer betrübten Stimmung aufwachen oder schon seit einigen Tagen eine heitere und gelöste Grundstimmung haben. Um uns an eine Stimmung heranzutasten, ist es hilfreich, sich zunächst zu fragen, ob sie tendenziell eher angenehm oder eher unangenehm ist. Wenn wir beispielsweise herausfinden, dass die Stimmung eher angenehm ist, können wir weiter erkunden, welche Qualität sie genau hat: Ist es vielleicht Zufriedenheit oder Freude? Ist es eine gelöste oder erleichterte Grundstimmung oder eher eine lebendige oder pulsierende?

Vielleicht klingt das alles ein bisschen wie Erbsenzählerei: Warum soll man so genau seine Stimmungen und Gefühle erkunden? Weil uns das bei der Akzeptanz dessen, was ist, bedeutend weiterhilft. Wenn wir unsere inneren Empfindungen nicht wahrnehmen, werden wir auch unseren inneren Kampf dagegen gar nicht mitbekommen. Dann merken wir beispielsweise gar nicht, wie beunruhigend und beängstigend wir die neuesten Nachrichten über irgendeine weltpolitische Konfrontation erleben. Statt unsere Angst zu fühlen, merken wir lediglich, dass wir sehr angespannt, unzufrieden oder gereizt sind. Das Hier und Jetzt anzunehmen gelingt nur, wenn wir es auch tatsächlich wahrnehmen, und unsere Gefühle und Stimmungen gehören hier maßgeblich dazu.

Du kannst nun nochmals die Situation betrachten, die du dir schon mehrmals angeschaut hast. Überlege dir dieses Mal, welche Gefühle hier gefühlt werden müssen, damit Annahme leichter möglich wird.

Wenn du dich intensiver mit dem Wahrnehmen deiner Gefühle beschäftigen möchtest, findest du in meinem Buch *Ruhe, ihr Quälgeister. Wie wir den Kampf gegen unsere Gefühle beenden können* noch mehr dazu.

Ich habe hier Wahrnehmungs- und Verarbeitungsprozesse von Gedanken und Gefühlen beschrieben, die der Annahme im Wege stehen. Diese Prozesse sind wirkungsvoll, aber auch sehr herausfordernd. Der Wirklichkeit ins Angesicht zu schauen, schmerzhafte Gefühle zu fühlen oder lebenslang geglaubte Grundüberzeugungen infrage zu stellen, hat es ganz schön in sich.

Vor allem handelt es sich dabei eben um Prozesse, und die dauern nicht so lange, wie wir sie gerne hätten, sondern so lange, wie sie eben dauern. Ich kenne bei mir selber Grundüberzeugungen, die sich selbst nach 25 Jahren Selbsterfahrungsarbeit nicht komplett aufgelöst haben. Wenn es mir nicht gut geht und ich nicht bewusst genug bin, werden sie weiterhin von einem Teil in mir geglaubt. Ein anderer Teil in mir weiß in so einer Situation genau, woher diese Glaubenssätze kommen und dass sie nicht stimmen. Trotzdem werden sie in dem jeweiligen Moment für wahr gehalten und bestimmen möglicherweise sogar mein Verhalten. Dann strenge ich mich noch mehr an, nur weil die Grundüberzeugung, nicht gut genug zu sein, doch wieder zugeschlagen hat. Andere Grundüberzeugungen habe ich zwar lange geglaubt, sie haben aber mittlerweile dermaßen an Kraft verloren, dass ich mich an sie kaum noch erinnern kann. Das Gleiche gilt für die Bereitschaft, meine Gefühle zu fühlen. Manchmal gelingt mir das gut, ich bin dann bereit, ein Gefühl zu tragen, so lange es nun mal da ist. Ein andermal kann es mir passieren, dass ich das Gefühl partout nicht haben will und irgendeinen Trick anwende, um es wieder loszuwerden. Dann setze ich mich vielleicht an den Schreibtisch, bin in meine Arbeit versunken und vergesse zunächst, wie traurig ich vorher war.

Diese Sätze sind mir am Ende dieses Abschnittes wichtig. Denn oft wünschen wir uns schnelle Veränderungen, wir möchten endlich eine akzeptierende Haltung uns selbst, dem Leben allgemein und anderen Menschen gegenüber entwickeln. Wenn uns das nicht gelingt, verurteilen wir uns für die geringen Fortschritte (»Jetzt weiß ich doch schon so lange, wie ich damit umgehen müsste, und hab es immer noch nicht auf die Reihe gekriegt.«). So entfernen wir uns noch weiter davon. Bei allen Versuchen, mehr Akzeptanz in das eigene Leben zu bringen, gilt: Sei freundlich mit dir und verurteile dich nicht, wenn es dir schwerfällt. Die Themen, mit denen wir uns in diesem Buch beschäftigen, gehören mit zu den größten Herausforderungen menschlicher Existenz überhaupt.

Eine annehmende Haltung kultivieren

Annahme fällt uns leichter, wenn wir die Hindernisse überwinden, die unsere natürliche Fähigkeit zur Annahme erschweren – das war Inhalt des letzten Kapitels. Annahme kann sich auch dann leichter entfalten, wenn wir eine grundlegend annehmende Haltung kultivieren – genau damit beschäftigen wir uns nun auf den folgenden Seiten.

Unsere Gesellschaft hat sich vor allem in den letzten Jahrzehnten immer weiter von der Fähigkeit zur Akzeptanz entfernt. Doch der Preis dafür ist hoch. Studien zeigen, dass wir unsere natürlichen »Abwehrkräfte« im Umgang mit belastenden Situationen teilweise verloren haben. In der Forschung nennt sich das Resilienz. Eine der zentralen Fähigkeiten, die uns resilient oder widerstandsfähiger machen, ist gerade die Akzeptanz dessen, was uns das Leben zumutet und aufbürdet. Doch wie können wir zu einer annehmende Grundhaltung finden?

Eine meditative Grundhaltung

Eine der wirkungsvollsten Methoden, um eine offene und annehmende Haltung dem gegenwärtigen Moment und damit auch dem Leben gegenüber zu kultivieren, ist die Meditation. Beim Meditieren lernen wir, alles, was ist, einfach da sein zu lassen, möglichst wenig zu bewerten und nichts damit zu tun. Diese Praxis hat sich seit Jahrtausenden in verschiedenen spirituellen Traditionen entwickelt. Doch zu meditieren fällt den meisten von uns nicht gerade leicht. Unser ruheloser Geist findet viele Gründe, warum man sich gerade jetzt nicht hinsetzen kann, sondern wirklich Wichtigeres zu tun hat. Hat man sich aber doch dafür entschieden, gibt es verschiedene Meditationsformen, die man praktizieren kann. Das kann eine Meditation in Stille sein, eine aktive Meditation, bei der bestimmte Bewegungen praktiziert werden, oder eine angeleitete Meditation, bei der man einer gesprochenen Anleitung folgt. Durch die Meditationspraxis kultivieren wir bestimmte Fähigkeiten: Unser Geist wird mit zunehmender Übungspraxis ruhiger. Wir lernen, innere Prozesse wahrzunehmen, ohne etwas mit ihnen tun zu müssen, Handlungsimpulse erfolgen weniger automatisiert. Unsere Körper- und Gefühlswahrnehmung verbessert sich und wir kommen in Verbindung mit einer tieferen spirituell-mystischen Ebene. Bei längerer Meditationspraxis kommt es zu hirnorganischen Veränderungen, die sich jedoch auch wieder zurückbilden können, wenn die Meditationspraxis aufgegeben wird.[20] Während der Meditation kultivieren wir eine Fähigkeit, die auf unseren Alltag ausstrahlt und uns schließlich eine meditative Grundhaltung ermöglicht. Die begleitet uns dann durch die Tage mit einer annehmenden und präsenten Wachheit.

Wichtiger als die Frage, welche Meditationsform praktiziert wird, ist meiner Erfahrung nach die innere Haltung, mit der wir meditieren. Oft werden Meditationen auf ein Ziel hin praktiziert, die Meditation soll uns einen bestimmten Zustand verschaffen. Wir sitzen dann auf dem Meditationskissen und wollen zur Ruhe kommen: Der Verstand soll endlich mal still sein. Den ganzen Tag über ist schon diese fürchterliche Körperanspannung da, die soll aufhören. Und in einem Meditationsbuch hat man gelesen, dass sich Empfindungen von Frieden und Freude einstellen können, wann kommen die denn nun eigentlich?

Doch wenn wir diese Ziele durch eine Meditation erreichen wollen, werden wir uns bemühen, uns anstrengen und irgendetwas tun, um ihnen näher zu kommen. Da sind wir aber schon in die Falle der Nicht-Akzeptanz gegangen: Wir lehnen bestimmte Empfindungen ab und wollen andere haben. Schon sind wir wieder in der Dualität von gut und schlecht, von »so soll es sein« und »so will ich es auf keinen Fall haben«. Wird während der Meditation eine solche Haltung eingenommen, spreche ich von einer *verneinenden* Meditation, weil ein Teil der vorhandenen Empfindungen abgelehnt wird und andere sich einstellen sollen. Manche Meditationstechniken verfolgen letztlich solche Ziele, darunter die sehr verbreiteten Imaginationsübungen, bei denen man sich zum Beispiel einen besonders schönen und ruhigen Ort vorstellt oder andere wohltuende Umstände. Auch viele Meditationsanleitungen mit Musik zielen letztlich darauf ab, bestimmte Empfindungen hervorzurufen, statt sich für die vorhandenen zu öffnen. Sie sind nicht geeignet, um eine offene und annehmende Haltung zu kultivieren.

Doch auch wenn die Meditationsanleitung nicht auf bestimmte Ziele hinführen soll, kann sich der Meditierende davon trotzdem oft unbewusst nicht lösen. Ich jedenfalls kenne das gut von meiner eigenen Praxis. Ich habe mich nicht nur einmal dabei erwischt, dass ich während der Meditation unzufrieden geworden bin, weil sich die erwünschte Ruhe oder andere angenehme Empfindungen partout nicht einstellen wollten.

Eine solche Herangehensweise wird keine vertieften Meditationszustände ermöglichen, denn während der Meditation bleibt ein handelndes »Ich« im Vordergrund, das etwas haben will und sich anstrengt, um seine Ziele zu erreichen. Dieser Tun-Modus bestimmt in der Regel unseren gesamten Alltag: Wir folgen ständig irgendwelchen Plänen und Zielen. Was bei der Reparatur des Abflussrohres sinnvoll ist, wird hier auf die Meditation angewandt, mit der Folge, dass wirkliche Vertiefung nicht stattfinden kann. Mit einer solchen Methode kann man durchaus ruhiger oder entspannter werden, aber wenn du deine Fähigkeit zur Annahme kultivieren oder einen tieferen Veränderungsprozess in Gang setzen möchtest, kommst du mit dieser Herangehensweise nicht weiter.

Die hier beschriebene Fokussierung auf Ziele *während* der Meditation sollte dabei übrigens nicht mit einem hilfreichen inneren Wunsch verwechselt werden. Denn dieser motiviert dazu, überhaupt die Meditation zu praktizieren. Man wünscht sich vielleicht längerfristig mehr Gelassenheit und Ausgeglichenheit in schwierigen Situationen oder hat eine Sehnsucht danach, mit einem grundlegenden Empfinden von Frieden in Berührung zu kommen. Diese Ziele müssen sich aber nicht in der jeweiligen Meditationsübung einstellen, sondern man bleibt während der Meditation offen für alles, was sich zeigen will. Es ist ähnlich wie beim Yoga: Wer Yoga praktiziert, wünscht sich meist einen beweglicheren Körper, dagegen ist gar nichts einzuwenden. Wenn er sich jedoch während der Yogaübung anstrengt, um seinen Körper flexibler zu machen, dann geht der Stress los. Außerdem wird er zwangsläufig scheitern, denn die Beweglichkeit stellt sich erst nach längerer Übungspraxis ein und kann nicht durch einen willentlichen Akt herbeigeführt werden.

Eine *bejahende* Meditationspraxis hingegen sieht so aus: Während der Meditation ist die innere Bereitschaft da, sich für alle Empfindungen zu öffnen, alle da sein zu lassen und keine wegzustoßen. Alle angenehmen und unangenehmen Empfindungen haben im offenen Gewahrsein Platz. Automatisierte Handlungen, mit denen bestimmte Stimmungslagen »weggemacht werden sollen«, werden unterlassen. Der Fluss der Wahrnehmung kann dann so aussehen: Es taucht ein Gedanke an das Abendessen auf. Der wird wahrgenommen, ohne sich mit ihm zu beschäftigen oder zu versuchen ihn loszuwerden. Dann wird ein Schmerz im Nacken gespürt. Er wird beobachtet, ohne den Versuch, ihn zu ändern. Und wieder taucht ein Gedanke auf, diesmal ist es eine Erinnerung an eine Begegnung am Vormittag. Nun wird eine leichte Müdigkeit wahrgenommen und es gibt einen Gähnimpuls. Die Müdigkeit wird gespürt, der Gähnimpuls wird nicht unterdrückt. Und so setzt sich die Meditation weiter fort und alles darf so sein, wie es ist.

Die Person tritt zurück, es muss nichts mehr getan werden, und gerade dadurch vertieft sich die Meditationspraxis deutlich. Nach meiner Erfahrung sind wir meistens dermaßen im Tun-Modus gefangen, dass wir uns selber erst einmal bewusst die Erlaubnis geben müssen, ihn loszulassen. Wenn ich eine Meditation anleite, beginne ich daher oft mit einigen Sätzen, die gerade dabei helfen sollen. Auch wenn du jetzt gerade nicht meditierst, sondern dieses Buch liest, kannst du die Sätze auf dich wirken lassen.

Bitte lies die folgenden Sätze langsam durch. Mach nach jedem Satz eine kleine Pause und spüre die Wirkung. Du kannst auch jeweils kurz die Augen schließen.

»Du musst hier gar nichts erreichen …

… es gibt keine Ziele …

… es muss nichts anders oder besser werden…

… du brauchst dich gar nicht anzustrengen …

…du musst nirgendwo hinkommen…

… du kannst alle Erwartungen loslassen…

… es reicht vollkommen aus, sich für das zu öffnen, was ist,
und all den Empfindungen, die da sind, Raum zu geben.

Teilnehmende berichten oft, dass diese Sätze sie sehr entlastet haben und sie innerlich besser loslassen konnten. Oft seufzen sie tief oder beginnen zu gähnen, wenn sie diese Sätze hören – beides untrügliche Zeichen dafür, dass sich Anspannungen lösen.

Ein wie ich finde sehr hilfreiches Zitat über wahre Meditation stammt vom US-amerikanischen Meditationslehrer Adyashanti. Er schreibt:

> *»Wir haben gelernt, dass wir üben müssen, uns zu kontrollieren und zu disziplinieren, wenn wir in einen natürlichen Bewusstseinszustand eintauchen wollen; ich behaupte genau das Gegenteil. Du kommst dadurch in einen natürlichen Zustand, indem du Kontrolle und Anstrengung loslässt und in einem Zustand von Klarheit ruhst. Es ist ganz einfach. Es könnte gar nicht einfacher sein. Setze dich hin zur Meditation und lass alles so sein, wie es bereits ist«.*[21]

Im asiatischen Kulturraum hat man sich über Jahrtausende sehr viel mit meditativen Praktiken beschäftigt. Aber auch im Christentum, vor allem bei den Mystikern wie Meister Eckhart oder Johannes Tauler, finden sich ähnliche Anleitungen. Was Adyashanti im 21. Jahrhundert beschreibt, hat auch Meister Eckhart schon umgetrieben. *»Nichts wissen, nichts wollen, nichts tun«*[22] war im 13. Jahrhundert seine Anleitung für eine bejahende Meditationspraxis und Lebenshaltung.

Verblüffenderweise stellen sich während einer bejahenden Meditation sehr wohl Veränderungen ein, sie sind sogar tiefgreifender, als wenn wir irgendwelche Ziele verfolgen würden. Sie werden aber nicht gemacht, sondern ereignen sich. Während wir bei einer verneinenden Meditation beispielsweise versuchen, die Gedankenprozesse zu beruhigen, indem wir sie durch das Zählen der Atemzüge, durch das Rezitieren von Mantras oder andere Techniken kontrollieren, stellt sich bei einer bejahenden Meditation oftmals von alleine Gedankenruhe oder Gedankenleere ein. Bejahende Meditationspraxis braucht etwas Übung, denn unsere Mechanismen der Kontrolle und des Machens setzen sich auch dabei leicht wieder durch. Die Kunst besteht darin, sie früh zu erkennen und immer wieder loszulassen, so kann sich eine andere Haltung entfalten.

In der folgenden Tabelle werden die Unterschiede dieser zwei meditativen Haltungen nochmals leichter nachvollziehbar.

Verneinende Meditation	Bejahende Meditation
Gedanken rattern	
Die Gedanken sollen aufhören. Ich will die Gedanken loswerden. Gedankenleere ist gut, Gedankenfülle ist schlecht. Ich muss mich noch besser auf meinen Atem konzentrieren, damit die Gedanken endlich weniger werden.	Gedanken dürfen da sein, da ist nichts gegen einzuwenden, ich kann sie als Gedanken erkennen und muss mich nicht mit ihnen beschäftigen.
Nase juckt	
Ich muss mich kratzen, das Jucken soll weg.	Auch das Jucken kann ich wahrnehmen, ohne was damit zu tun. Wenn es mir die weitere Meditation sehr erschwert, kann ich mich kratzen, damit es aufhört.
Schultern hängen nach vorne	
Ich muss gerade sitzen, sonst bringt die ganze Meditation nichts. Die Haltung ist sehr wichtig.	Ich spüre, wie sich die nach vorne hängenden Schultern anfühlen. Wenn ich den Impuls verspüre, mich aufzurichten, kann ich dem folgen. Wenn ich merke, dass mich diese Körperhaltung an der Meditation hindert, kann ich sie korrigieren.

Verneinende Meditation	Bejahende Meditation
Empfindungen von Ruhe, Stille, Frieden	
Endlich wirkt die Meditation. Was kann ich machen, damit diese Empfindungen bleiben? Hoffentlich sind diese Empfindungen auch nach der Meditation noch da. Dafür lohnt sich die Meditation.	Ruhe, Stille und Frieden nehme ich wahr, wenn sie da sind. Wenn sie wieder abklingen, nehme ich auch das wahr.
Gefühl von Neid	
Neid ist schlecht, ich sollte nicht neidisch sein. Am besten, ich mache noch mehr Metta-Meditationen, damit der Neid weniger wird.	Ich nehme den Neid wahr, wie fühlt er sich genau an? Wenn er abklingt, nehme ich auch das wahr.

Es gibt einige Kriterien, die uns helfen, um eine verneinende und eine bejahende Meditationshaltung zu unterscheiden. Die verneinende Meditation geht mit einer gewissen Anstrengung einher, denn es wird ja versucht, zielorientiert etwas zu erreichen. Da es Bewertungen in Form von »erwünscht« und »unerwünscht« gibt, kann diese Meditationspraxis mit Unzufriedenheit oder sogar dem Wunsch einhergehen, die Meditation abzubrechen, wenn sich das gewünschte Ziel nicht einstellt. In der bejahenden Meditation hingegen spielt es keine Rolle, welche Empfindungen auftauchen. Da alle da sein dürfen, gibt es zwar unangenehme Empfindungen, denen aber nicht mit Unzufriedenheit oder Ärger begegnet wird. Da es kein Tun gibt, ist die bejahende Meditation auch nicht anstrengend. Der Körper entspannt sich oft auf eine sehr tiefe Art und Weise. Gähnen oder spontane Körperbewegungen können auftreten. Während in einer verneinenden Meditation das Ich die Kontrolle nicht aufgibt, gibt es in der bejahenden Meditation niemanden mehr, der alles im Griff behalten muss. Daher sind die Erfahrungen, die sich einstellen, oft auch spontaner, weniger vorhersagbar und teilweise unerwartet. Man weiß selber nicht, wie sich die Meditation im nächsten Moment entwickeln wird.

Neulich berichtete ein Teilnehmer aus einem Achtsamkeitsseminar, dass er sich während der Meditationsübung wieder so angestrengt habe. Er habe so viele Gedanken gehabt und habe versucht, seine Gedanken zu beruhigen, indem er sie sich als Blätter auf einem Fluss vorgestellt habe. Doch die Gedanken seien nicht weniger geworden, stattdessen habe er sich immer mehr verkrampft. Irgendwann habe er sich gesagt, dass er sowieso nichts machen könne. In dem Augenblick sei es in ihm viel ruhiger geworden und schließlich sei sein Verstand ganz still gewesen. Er könne sich nicht erinnern, wann er so etwas jemals erlebt habe.

Wenn du noch keine Meditationserfahrung hast, aber gerne damit beginnen möchtest, dann empfehle ich dir, eine geführte Achtsamkeitsübung zu praktizieren. Im Anhang findest du dazu einige Empfehlungen. Oder du entscheidest dich, regelmäßig für einige Zeit in Stille zu sitzen und dabei die Hinweise aus diesem Buch zu nutzen. Meditation bedeutet letztlich Annahme des gegenwärtigen Moments, nicht mehr, aber auch nicht weniger. Du setzt dich also an einem ruhigen Ort, an dem du ungestört bist, zum Meditieren hin, auf einem Meditationskissen auf dem Boden oder auf einen Stuhl. Am besten schließt du die Augen, und bist offen für alle Empfindungen, die sich dir zeigen wollen. Diese nimmst du wahr, ohne irgendetwas damit zu tun. Wenn du mit Meditationspraxis beginnst, empfehle ich für den Beginn eher kurze Sequenzen, zehn oder fünfzehn Minuten.

Wenn du schon Meditationserfahrung hast, kannst du prüfen, ob deine Haltung während der Meditation eher bejahend oder eher verneinend ist. Lass dir dazu einen Moment Zeit.

Wenn du das nächste Mal meditierst, kannst du dir während der Meditation ein- oder zweimal die Frage stellen: Will ich gerade etwas anders haben? Wenn du dir dann dieses Veränderungswunsches bewusst geworden bist, kannst du dich weiter fragen: Kann ich diesen Wunsch loslassen und mich noch weiter dem öffnen, was der gegenwärtige Moment für mich bereithält? Kann ich alle Bewertungen und Ziele loslassen?

Meditation auf dem Kissen oder dem Stuhl dient dazu, unsere meditative Grundhaltung zu kultivieren, die uns dann im Alltag begleitet. Denn dort findet Meditation eigentlich statt.

Demut und Dankbarkeit

Wenn wir das Wort *Demut* hören, dann fallen uns wohl sofort vergangene Zeiten ein, in denen die Menschen sich untergeordnet und gehorcht haben, der Leibeigene dem Adeligen, der einfache Gläubige dem Pfarrer. Vielleicht denken wir auch daran, dass wir gedemütigt werden können, wenn die Unterordnung durch Gewaltandrohung oder Machtausübung erzwungen wird. Jedenfalls klingt das alles ziemlich uncool und löst eher zwiespältige Assoziationen aus. Demut scheint so ganz und gar nicht in unsere Zeit zu passen. Wir betonen heute lieber unsere Fähigkeiten und unsere Einmaligkeit, als dass wir uns unserer Unbedeutendheit bewusst sein wollen. Können wir daher nicht froh sein, dass wir die Demut hinter uns gelassen haben?

Ich glaube, dass unsere Assoziationen sich auf eine Form der Demut beziehen, die tatsächlich etwas Schädliches hat. Denn wenn ein Mensch einem anderen Menschen Demut abverlangt, dann meisten, um Macht auszuüben. Von dieser möchte ich aber nicht sprechen, sondern von einer anderen Form der Demut, die sich nicht auf andere Menschen bezieht. Nach Anselm Grün gibt es nur eine wahre Form von Demut, nämlich die Gott gegenüber.[23] Wir könnten auch sagen, dem Leben oder der Existenz gegenüber. Diese Haltung ist wohl eine der kraftvollsten Hilfestellungen, um zu mehr Akzeptanz zu finden. Wer diese heute vollkommen aus der Mode gekommene Tugend verinnerlicht, für den wird eine annehmende Haltung so selbstverständlich wie die Notwendigkeit, dass man im Supermarkt an der Kasse bezahlen muss.

Eine demütige Grundhaltung versucht, anzuerkennen, dass vieles in unserem Leben nicht in unserer Hand liegt. Es liegt nicht in unserer Hand festzulegen, welche genetische Grundausstattung wir mitbringen, in welche Familie wir hineingeboren werden, welche Kindheit wir dort erleben oder welche Schicksalsschläge uns widerfahren. Selbst unsere Persönlichkeit unterliegt nicht unserer Kontrolle. Sie hat sich herausgebildet aus dem, was uns unsere Gene vorgegeben haben und wie unsere Biografie uns geprägt hat.

Demut bedeutet auch, den eigenen Willen zurückzunehmen und sich etwas Größerem anzuvertrauen. Besonders eindrücklich begegnet uns diese Haltung in der Bibel. Kurz bevor Jesus gefangen genommen wurde, sprach er im Garten Gethsemane den berühmten Satz: »Vater, wenn du willst, nimm diesen Kelch von mir; doch nicht mein, sondern dein Wille geschehe.« (Lukas 22, 42). Jesus hatte Angst vor dem Tod. Er wusste sehr wohl, was er wollte, nämlich leben. Er bat Gott, ihn vor dem Tod zu bewahren. Zugleich legte er aber sein Schicksal in dessen Hände und war bereit, den Tod zu akzeptieren. Im wichtigsten Gebet des Christentums, dem »Vater unser« heißt es: »Geheiligt werde dein Name, dein Reich komme, dein Wille geschehe, wie im Himmel, so auf Erden.«

Auch wenn wir heute viel über unsere Einzigartigkeit und über die Menschheit als »Krone der Schöpfung« sprechen, sind wir in Wirklichkeit letztlich ziemlich klein und unbedeutend. Das gilt für jeden Einzelnen von uns und sogar für die Menschheit als Ganzes. Wir sind eine oder einer von 7 500 000 000 anderen Menschen. Die Biomasse aller Menschen auf der Welt beträgt etwa 0,4 Milliarden Tonnen, das ist in etwa die Masse, die auch alle Ameisen der Welt auf die Waage bringen. Alle Menschen dieses Planeten zusammengenommen, passen locker in den Bodensee, wohlgemerkt *alle* Menschen *aller* Länder und Nationen. Die Anzahl der Planeten, die es im Universum gibt, ist schwer zu schätzen, manche gehen davon aus, dass es etwa 70 000 000 000 000 000 000 000 sind (ich hab nicht extra nachgezählt). Nach allem, was wir heute wissen, ist diese Zahl nicht übertrieben. Pro Mensch auf der Erde gibt es Hunderte Millionen Planeten im Weltall. Zahlreiche Physiker nehmen an, dass es neben unserem Universum noch weitere geben muss. Wir sind also wirklich nicht viel mehr als Ameisen, die mit einem ziemlich überzogenen Größenwahn durch die Gegend laufen und sich unglaublich wichtig nehmen.

Die Qualität der *Demut* ist eng verbunden mit der *Hingabe*. Während sich Demut eher auf die innere Haltung bezieht (»Ich bin klein angesichts von etwas viel Größerem.«), beschreibt Hingabe die Art und Weise, wie Handlungen geschehen (»Ich trete innerlich zurück und lasse etwas Größeres durch mich wirken.«). Das Gegenteil von Demut sind Hochmut und Stolz. Hochmut bedeutet, sich selbst zu überhöhen und sich einen überzogenen Wert beizumessen. Unter dem Blickwinkel der Akzeptanz ist Hochmut natürlich problematisch. Es ist leichter, dem, was ist, zuzustimmen, wenn wir uns nicht zum Herrn über das Leben aufspielen und glauben, alles im Griff zu haben.

Eine demütige Haltung spielt eine sehr wichtige Rolle, wenn wir unsere Fähigkeit, die Dinge anzunehmen, kultivieren möchten. Vielleicht sogar die wichtigste überhaupt. Ohne eine Haltung der Demut passiert zweierlei: Zum einen kämpfe ich natürlich gegen das, was nicht so läuft, wie ich es mir wünsche. Schließlich bin ich ja der Meinung, dass es mir zusteht, zu entscheiden, was mir im Leben widerfährt. Es ist so, wie wenn ich in einen Supermarkt gehe und denke, ich darf mir alles nehmen, was mir gefällt, und damit fröhlich hinausspazieren, ohne zu bezahlen. Wenn ich dann unerwartet zur Kasse gebeten werde, falle ich aus allen Wolken und beschwere mich über den schlechten Service. Der zweite schwierige Punkt ist: Sobald ich glaube, dass ich steuern kann, wie die Dinge laufen, werde ich mich selbst beschuldigen, wenn es anders läuft. Wer seine Karriere plant und überzeugt ist, dass es in seiner Macht liegt, was ihm widerfährt, der wird sich selber kritisieren, wenn er nicht den gewünschten nächsten Job bekommt.

Zumindest manchmal kommen wir mit unserer Demut in Kontakt. So kennen fast alle Menschen das Gefühl, sich angesichts von etwas Größerem als unbedeutend zu erleben. Zum Beispiel in der Natur, auf einem Berggipfel, im Flugzeug, in einer Kirche, aber auch bei der Geburt eines Kindes oder im

Angesicht des Todes. Wir spüren dann: Ich bin klein, sehr klein, und es gibt etwas, das weit größer ist als ich.

Ich kann mich noch gut erinnern, wie ich in der späten Pubertät in einer Sommernacht auf einer sehr dunklen Lichtung auf der Wiese lag und in den Sternenhimmel schaute. Ich lag da sehr lange, meine Augen gewöhnten sich mehr und mehr an die Dunkelheit, und plötzlich geschah ein kleines Wunder: Der Sternenhimmel wurde nämlich dreidimensional. Ich sah nicht nur einzelne Sterne und Sternenbilder, sondern ich nahm auch die weiter entfernten und dunkleren Sterne wahr und plötzlich waren da nicht hundert oder zweihundert Sterne am Himmel, sondern Millionen über Millionen, ein ganzes Meer voller Sterne. Dieser Moment war erhebend und machte mich ehrfürchtig, nicht weil ich mich groß und einmalig fühlte, sondern weil ich mir etwas so unendlich viel Größerem als mir selbst bewusst wurde. Mich bedeutungslos und winzig zu fühlen, war wunderbar, denn das Große war nicht getrennt von mir, sondern ich erlebte mich als Teil davon.

Vielleicht fällt dir eine Situation ein, in der du dich demütig und unbedeutend gefühlt hast und die Anwesenheit von etwas Größerem spüren konntest. Ruf dir das noch mal in Erinnerung. Welche Empfindungen löst das aus?

Im vorhergehenden Kapitel haben wir uns mit Grundüberzeugungen beschäftigt, und zwar mit solchen, die uns die Selbstannahme erschweren. Daneben gibt es eine ganze Reihe von Glaubensmustern, die unserer Fähigkeit zur Akzeptanz im Wege stehen, weil sie letztlich unseren Hochmut widerspiegeln und damit der demütigen Grundhaltung entgegenstehen. Viele von ihnen sind in unserer westlichen Kultur des 21. Jahrhunderts so selbstverständlich geworden, dass sie von fast allen Menschen als stimmig anerkannt und kaum hinterfragt werden.

Nimm dir Zeit, um die folgenden Überzeugungen in Ruhe zu lesen und zu prüfen, ob sie dir vertraut erscheinen. Wichtig ist also, dass du Satz für Satz liest und zwischen den Sätzen innehältst. Es kann auch hilfreich sein, zwischendurch die Augen zu schließen.

Das Leben muss so laufen, wie ich es haben will.

Ich habe einen Anspruch auf ein angenehmes Leben.

Es muss gerecht zugehen.

Ich muss mein Leben im Griff haben.

Ich habe ein Recht darauf,
dass meine Wünsche in Erfüllung gehen.

Ich weiß es am besten, was mich glücklich macht.

Nur wenn mein Leben so läuft, wie ich es mir vorstelle, ist es erfüllt und sinnvoll.

Ich muss alles unter Kontrolle haben.

Wäre es nicht wünschenswert, wenn solche Glaubenssätze etwas von ihrer Kraft verlieren würden? Der erste Schritt dahin besteht darin, sie zu erkennen und sie sich bewusst zu machen.

Aus einer demütigen Haltung geht natürlicherweise Dankbarkeit hervor. Wenn uns bewusst wird, dass wir keinen Anspruch auf ein glückliches Leben haben, noch nicht einmal ein Recht auf den morgigen Tag, dann werden selbst die kleinen Dinge des Lebens zu großen Geschenken. Da stellt sich Dankbarkeit von alleine ein. Meinen wir hingegen, uns steht ein glückliches Leben mit Rundum-sorglos-Garantie zu, werden wir zwangsläufig ärgerlich, wenn es anders kommt. Unsere Erwartungen entscheiden sehr über unser Befinden und unsere innere Reaktion auf Ereignisse. Wer sich im Sommer in der Eisdiele zwei leckere Eiskugeln gönnt, der wird den Laden gut finden, wenn die Kugeln größer sind als gedacht, vor allem, wenn sie auch noch gut schmecken. Sind sie aber deutlich kleiner als erwartet, reagieren wir womöglich eher mit einem »Das ist ja unverschämt«.

Mit dem Ärger verbunden ist eine Anklage (»Wie kann

die Welt/Gott/die Freundin/der Chef nur so gemein zu mir sein.«), und von Anklagen wissen wir, dass sie Akzeptanz unmöglich machen. Daher ist es hilfreich, weniger zu erwarten und für das dankbar zu sein, was man bekommt. Demut bringt also Dankbarkeit mit sich und Hochmut macht Dankbarkeit unmöglich.

Bei ehrlicher Betrachtung werden viele von uns feststellen, dass sich unser Dankbarkeitsgefühl im Alltag in Grenzen hält. Denn meistens sind wir deutlich mehr mit den Herausforderungen beschäftigt als mit dem, was in unserem Leben gelingt. Unser Gehirn ist auf Probleme, Risiken und Mangel fixiert. Das hat evolutionäre Gründe, denn unser Verstand hat die Aufgabe, unser Überleben zu sichern. Dazu muss er sich mit den Gefahren beschäftigten, und kann nicht nur die schönen und leichten Seiten des Lebens sehen. Wer vor 10 000 Jahren glaubte, der Säbelzahntiger sei doch eigentlich ein süßes Tierchen, das einem schon nichts tun werde, der hatte nicht mehr die Chance, seine Gene und damit seine etwas zu optimistische Sicht der Dinge weiterzugeben. Im Lauf der Jahrtausende hat sich daher ein, wie Wissenschaftler sagen, »Katastrophengehirn« ausgebildet, das uns ununterbrochen nach Problemen und Risiken Ausschau halten lässt. Das ist im Übrigen auch der Grund, warum die Zeitungen meistens voller schlechter Nachrichten sind. Eine Zeitung, die vornehmlich über das Positive schreiben würde, wäre schnell pleite. Unser Verstand hält es für Zeitverschwendung, sich ständig mit dem zu beschäftigen, was geglückt ist. Wer freut sich schon darüber, dass beim Duschen morgens warmes Wasser aus dem Duschkopf kommt? Eigentlich sollten wir das alle, denn es ist ganz und gar nicht selbstverständlich und ein großer Teil der Menschen hat diesen unglaublichen Luxus nicht. Aber in unseren Augen ist es nun mal selbstverständlich, und wir werden unwirsch, wenn das Wasser mal nicht ganz so wohltemperiert ist. Wer von uns ist dankbar dafür, dass er morgens aufwacht und einen neuen Tag erleben darf? Wer freut sich jeden Tag aufs Neue darüber, dass er gesund oder halbwegs gesund ist? Erst wenn das, was uns allen so selbstverständlich erscheint, nicht mehr da ist, sind wir in der Lage, seinen Wert zu erkennen. Uns wird klar, welch wunderbares Geschenk wir hatten und wieder verloren haben.

Kaum jemand von uns schätzt es beispielsweise, schmerzfrei zu leben. Erst wenn der Schmerz da ist und anhält, merken wir, wie angenehm der Zustand ohne Schmerzen war. Doch dann ist es für Dankbarkeit natürlich zu spät. Dabei würde uns das Wahrnehmen und Wertschätzen all der Geschenke des Lebens natürlich helfen, um Belastungen besser gewachsen zu sein.

In den letzten Jahren hat es einen regelrechten Forschungsboom zum Thema Dankbarkeit gegeben. Die Studienergebnisse zeigen: Menschen, die dankbar sind, haben weniger psychische Probleme als andere, sie haben seltener Angst, grübeln weniger, sind weniger wütend und neidisch. Ihnen geht es sogar körperlich besser. So wurde bei Menschen mit Herzproblemen festgestellt, dass durch das Führen eines Dankbarkeitstagebuches mehrere Entzündungsmarker sanken und das Infarktrisiko abnahm.[24] Wirksam ist nicht nur jene Dankbarkeit, die sich spontan einstellt, wenn man knapp einem Verkehrsunfall entgangen ist, ein lang gehegter Wunsch endlich in Erfüllung geht oder ein befürchtetes negatives Ereignis nicht eingetreten ist. Dankbarkeit wirkt auch dann, wenn man sich *gezielt* überlegt, wofür man dankbar sein könnte. Wer etwa abends vor dem Zubettgehen regelmäßig sammelt, wofür er an diesem Tag dankbar sein könnte, bei dem wirkt sich die Dankbarkeit ebenfalls positiv aus. Es macht also durchaus Sinn, die Einseitigkeit unseres Katastrophengehirns mit solchen Wahrnehmungsübungen etwas zu überlisten.

Wenn du magst, kannst du die folgende kleine Übung ausprobieren, um deine Dankbarkeit zu stärken: Du schließt die Augen und fragst dich innerlich: »Wofür kann ich in meinem Leben dankbar sein?« Du wartest eher auf die Antwort, als dass du die Frage beantworten würdest. Irgendwann taucht eine Antwort auf, zum Beispiel: »Ich bin dankbar dafür, dass es meinen beiden Kindern so gut geht und beide gesund sind.« Dann wartest du einen Moment und stellst dir erneut die Frage, »Wofür kann ich dankbar sein?« Und wieder bist du neugierig, was auftaucht. So setzt sich diese Übung über fünf bis fünfzehn Minuten fort. Wenn du möchtest, kannst du die jeweilige Antwort auch aufschreiben. Diese Übung eignet sich sogar als Paarübung. Du kannst sie mit deinem Lebenspartner oder einem guten Freund/einer guten Freundin machen. Dabei stellt der eine zunächst dem anderen für zehn bis fünfzehn Minuten die Frage »Wofür bist du dankbar?«, und schreibt die jeweiligen Antworten auf. Anschließend werden die Rollen getauscht.

Freundlichkeit sich selbst gegenüber

Wie wir gesehen haben, verlangt Akzeptanz uns einiges ab – doch es gibt noch eine weitere Qualität, mit der wir uns selbst unterstützen können. Wenn es uns gelingt, freundlich mit uns umzugehen, und Mitgefühl gegenüber uns selbst zu entwickeln, werden wir eher wirkliche Annahme erleben.

Stell dir vor, du hast eine Grippe und fühlst dich schwach. Du hast Kopf- und Gliederschmerzen, keinen Appetit, dir ist übel und nachts tut dir vom vielen Liegen der ganze Körper weh. Stell dir weiter vor, du redest innerlich unfreundlich mit dir und sagst dir beispielsweise Sätze wie: »Wie kann man nur andauernd krank sein? Du bist echt ein Weichei. So schlimm sind die paar Symptome doch auch wieder nicht. Na klar kannst du so zur Arbeit gehen.« Wird es dir so gelingen, die Krankheit anzunehmen? Wahrscheinlich eher nicht. Und nun stell dir vor, du würdest etwa so mir dir reden: »Mir tut alles so weh, eigentlich ist mir zum Heulen zumute. Ich rufe eine Freundin an, vielleicht kann die für mich einkaufen gehen. Wenn ich schon mal krank bin, habe ich zumindest Zeit für das Hörbuch, das ich schon länger anhören wollte. Dann kann ich meine Übelkeit und meine Schmerzen zwischendurch mal vergessen.« Durch ein solches Selbstgespräch wird dir Annahme deutlich leichter möglich sein.

Schmerzhafte Empfindungen, Mangel, Verlust und ungelebte Lebensmöglichkeiten, all das können wir eher akzeptieren, wenn wir freundlich mit uns und diesen Empfindungen umgehen.

Das hat auch Peter erlebt, ein ehemaliger Klient von mir. Er kam eines Tages zu mir in die Beratung, weil er den frühen Tod seines Vaters noch immer nicht verwunden hatte. Peter war erst elf Jahre alt, als sein Vater bei einem Flugzeugabsturz ums

Leben kam. Die Erinnerung an den Unfall aktivierte bei ihm die schrecklichen Gefühlen von damals erneut: abgrundtiefer Schmerz über den Verlust des Vaters und ein Ohnmachtsgefühl, als seine Mutter nach der Beerdigung in eine Depression rutschte. Über zwanzig Jahre hat Peter versucht, diese Gefühle wegzudrücken. Doch mit der Nicht-Akzeptanz der schmerzhaften Gefühle verdrängte er auch seine angenehmen Gefühle, sodass er schließlich selber in eine Depression geriet.

Annahme wurde möglich, als Peter während der Therapie mehr und mehr Mitgefühl mit dem elfjährigen Jungen von damals entwickelte. Das war ein längerer Weg, denn zunächst wollte der große Peter mit dem kleinen Peter nichts zu tun haben, zumindest nicht mit all der Angst und Verzweiflung. Also übernahm ich als Therapeut zunächst diese Rolle. Wir »besuchten« gemeinsam den kleinen Peter, und ich war es, der tröstend und verständnisvoll mit ihm sprach. Das war für den erwachsenen Peter neu, denn bislang war er diesen Ängsten harsch und grob begegnet. Langsam kamen nun die Tränen über all den Schmerz, die Verzweiflung und Angst von damals. Für Peter wurde es immer leichter, freundlich mit sich selber zu reden, schließlich konnte er sogar selbst die Rolle des tröstenden, guten Elternteils übernehmen. Und genau diese Freundlichkeit war es wohl, die den Schmerz über den Tod des Vaters langsam weicher werden ließ und mehr Annahme ermöglichte.

Freundlich mit sich zu sein wird heute auch als Selbstmitgefühl bezeichnet. Wenn wir Mitgefühl für uns selbst aufbringen, wenn wir anerkennen, wie herausfordernd manches in unserem Leben ist und dem mit Freundlichkeit begegnen, sind wir eher zur Annahme fähig. Dieses letztlich aus dem Buddhismus stammende Konzept ist recht jung und wurde vor etwa fünfzehn Jahren von amerikanischen Therapeuten und Achtsamkeitslehrenden entwickelt. In der Psychologie wurde über Jahrzehnte hinweg ein anderes Konzept vermittelt, das sogenannte Selbstwertgefühl. Dabei geht es vor allem darum, sich der eigenen Stärken bewusst zu werden und zu erkennen, was man besonders gut kann und worauf man stolz ist. Der Begriff Selbstwert zeigt, dass dieses Konzept auf einem Vergleich beruht: Wie groß ist mein Wert im Vergleich zu dem der anderen? Was kann ich, was die anderen nicht können? Wie erfolgreich bin ich? Auf welche Schule gehen meine Kinder? Wie schön bin ich? Selbstmitgefühl ist in Bezug auf unser Thema der Akzeptanz im Vergleich zum Selbstwertgefühl ein echter Fortschritt, denn jegliches Vergleichen und jede Bewertung erschwert die Akzeptanz.

Selbstmitgefühl bezieht sich zunächst auf die eigene Person, doch strahlt es auf andere Menschen und auf die Lebenssituation ab. Man muss auch nicht befürchten, dass Selbstmitgefühl irgendetwas mit Egoismus oder Selbstbezogenheit zu tun hat, es ist eher das Gegenteil der Fall. Wenn man seine eigenen Empfindungen gut wahrnehmen und freundlich mit sich umgehen kann, ist man auch eher in der Lage, anderen freundlich zu begegnen.

Freundlich mit sich umzugehen ist das Gegenteil von dem, was viele von uns in ihrer Kindheit und Jugend vermittelt bekommen haben. Da hieß es eher: »Reiß dich mal zusammen« oder: »So schlimm ist das doch auch wieder nicht.« Diese und andere Botschaften verhindern Akzeptanz, denn wir drücken ja einen Teil unserer Empfindungen beiseite und bleiben in der Verurteilung gefangen. »Liebe deinen Nächsten wie dich selbst« lautet ein Grundsatz christlicher Ethik. Aber möchten wir wirklich unsere besten Freunde so behandeln, wie wir uns behandeln? Wie unfreundlich, hart und manchmal sogar gnadenlos gehen wir mit uns selbst um, zum Beispiel, wenn wir einen Fehler gemacht haben oder gescheitert sind? Viele Menschen denken, dass man hart mit sich umgehen muss, um seine Ziele zu erreichen und im Leben voranzukommen. Doch die wissenschaftlichen Studien sagen genau das Gegenteil: Wer freundlich und verzeihend mit sich umgeht, dem fällt es leichter, mit dem Rauchen aufzuhören, den gewünschten Sport zu treiben oder das Gewicht zu reduzieren. Statt sich selber zu beschimpfen, wenn man den Diätplan nicht eingehalten hat, kann man auch in dieser Situation freundlich mit sich reden: »Schade, dass es nicht geklappt hat, aber morgen kommt ein neuer Tag mit einer neuen Chance.«[25]

Ach wie gut, dass die Dinge schlecht laufen!

Am liebsten wäre es uns doch, wenn wir den Rest unseres Lebens von Leid und Schmerz verschont blieben. Stellen sich aber keine Herausforderungen mehr ein, die wir zu akzeptieren versuchen, verlieren wir unsere Fähigkeit dazu. Stell dir vor, du würdest ein Leben führen, in dem alles genau so läuft, wie du es gerne hättest. Wirklich alles, und zwar nicht nur mal kurz einen Vormittag lang, sondern längerfristig. Und nun stell dir vor, nach Jahren des »Alles läuft so, wie ich es will« wäre es plötzlich damit vorbei. Dir würden viele unangenehme Ereignisse widerfahren und das Leben würde nicht mehr nach deiner Pfeife tanzen. Mit großer Wahrscheinlichkeit würdest du ein echtes Problem kriegen, denn du hättest die Fähigkeit verloren, mit Scheitern, Mangel und ungewünschten Empfindungen zurechtzukommen. Wer immer nur erfährt, dass in seinem Leben alles nach Plan läuft, der tut sich natürlicherweise schwer damit, Niederlagen und

Zumutungen zu akzeptieren. Er entfernt sich immer weiter von einer demütigen Grundhaltung und entwickelt stattdessen eine überbordende Anspruchs- und Erwartungshaltung.

Letztlich ist es gut, wenn in unserem Leben auch Dinge passieren, die wir uns nicht ausgesucht haben. Jeder unerwünschte Regentag, jeder Schmerz, jede Missempfindung hilft uns der Tatsache ins Auge zu schauen, dass wir nicht der Herr unseres Lebens sind. Von Schauspielern und anderen Prominenten wissen wir, dass Menschen, die vom ewigen Erfolg verfolgt werden, nicht selten große Schwierigkeiten haben, mit ihrem Leben klarzukommen. Sie kriegen vielfach Probleme mit Alkohol und Drogen, Beziehungen gehen in die Brüche oder es kommt zu Aggression und Gewalt. Auch Lottogewinner werden nicht zwangsläufig glücklicher. Ihr Glück verändert sich Studien zufolge nur unwesentlich durch den Gewinn, manche möchten ihren Gewinn wieder loswerden, vereinzelt wird sogar von Suizidversuchen berichtet.

Es kann eine regelrechte Strafe Gottes sein, wenn alles immer genau so läuft, wie man es sich wünscht. Damit beschäftigt sich schon das Grimm'sche *Märchen vom Schlaraffenland*: Dort muss man sich kein bisschen anstrengen, alles fliegt einem nur so zu. Allerdings muss man sich, um dorthin zu kommen, durch eine dicke Mauer Reisbrei fressen und ist danach quasi bewegungsunfähig. Außerdem sind im Schlaraffenland eigentlich nur Leute glücklich, die von Natur aus schlecht, faul und böse sind.

Vielleicht ist es also schlimmer, wenn all unsere Wünsche in Erfüllung gehen, als wenn sie das nicht tun würden. Entwickeln wir also eine neue Haltung zu unangenehmen Empfindungen, zu Scheitern und unerfüllten Wünschen. Denn sie bieten uns alle die Chance, uns immer wieder in einer demütigen Grundhaltung zu üben.

Dass die Konfrontation mit dem Unerwünschten nicht

nur unangenehme Folgen hat, kennen wir auch aus anderen Bereichen. Ein typisches Beispiel sind Allergien. Nach der Wende stellten Forscher fest, dass Kinder auf dem Gebiet der ehemaligen DDR weniger Allergien hatten, und das, obwohl die Luft dort definitiv schlechter war als im Westen. Die meisten Allergologen vertreten heute die »Hygienehypothese«: Je mehr wir unsere Kinder einer möglichst keimfreien Umgebung aussetzen, desto mehr neigt ihr Immunsystem später zur Überreaktion auf Erreger. Kleinkinder machen es richtig, wenn sie vieles in den Mund stecken wollen. Eltern tun ihren Kindern keinen Gefallen, wenn sie sie vor jedem Schmutz bewahren wollen. Dreck härtet ab und Bauern haben selten Heuschnupfen.

Vielleicht hast du auch schon mal von Maos Spatzen gehört? In den 1950er-Jahren erkannte China unter Mao Zedong, dass Spatzen für die geringen Ernten der Bauern verantwortlich waren. Sie fielen in Schwärmen über die Felder her und pickten die Saat weg. China startete daraufhin ein groß angelegtes Programm, um die Spatzen zu dezimieren. Bauern und Staatsbedienstete jagten sie und rotteten diese quirligen Vögel in China fast vollkommen aus. In der Folge kam es jedoch zu massiven Missernten infolge von Schädlingsplagen, denn es fehlten die Spatzen, die die Schädlinge fraßen. Den Schädlingen rückte man wiederum mit Pestiziden zu Leibe, und daraufhin kam es zu einem massiven Bienensterben, das bis heute anhält. Es gibt Regionen in China, in denen es quasi keine Bienen mehr gibt. Deshalb bestäuben nun teilweise Menschen die Blüten von Obstbäumen: Mit einem Pinsel wird jede einzelne Blüte bestäubt, den Blütenstaub dafür gewinnen andere Bauern, indem sie an ihren Obstbäumen die Blüten abschneiden. Dumm nur, dass Menschen keine guten Bestäuber sind. Um die Arbeit eines einzigen Bienenvolkes zu übernehmen, sind 1500 Menschen erforderlich.

Dieses negative Beispiel zeigt, wie schwer es ist, zwischen Schädlingen und Nützlingen zu unterscheiden. Das gilt auch im Bereich der Psyche, denn diese funktioniert ebenfalls nach eigenen Gesetzen. Wir machen es uns viel zu einfach, wenn wir unsere Empfindungen in positive und negative unterteilen und hoffen, zukünftig nur noch positive Gefühle zu haben. Wer das Glück erzwingen will, verstärkt das Unglück; wer schmerzhaften Empfindungen aus dem Weg gehen will, tötet auch seine angenehmen Gefühle ab.

Natürliches Handeln

Um die Erkenntnisse der bisherigen Kapitel zusammenzufassen: Wenn wir aus einem Widerstand gegen das Leben oder gegen eine bestimmte Lebenssituation heraus handeln, ist unser Verhalten oft ineffektiv und anstrengend. Unsere Handlungen dienen dann in erster Linie dazu, uns vor unerwünschten Gefühlen zu schützen oder unbewussten Überzeugungen zu folgen. Das hat jedoch häufig unerwünschte Nebenwirkungen.

Ein Handeln hingegen, welches mit Akzeptanz verbunden ist, ist effektiv, leicht, mühelos und fließend. Denn wenn wir zur Annahme in der Lage sind, steht uns viel mehr Energie zur Verfügung, um uns konzentriert und engagiert für unsere Bedürfnisse und unsere Werte einzusetzen. Akzeptierendes Handeln ist kein »weg von«: Wir laufen nicht länger vor unseren Gefühlen davon. Zum Beispiel müssen wir nicht ständig unterwegs sein, weil wir es zu Hause nicht aushalten. Interessanterweise entsteht aber aus diesem Nicht-Tun-Müssen oft ein sehr klares, natürliches Handeln. Wer sich nicht mehr anstrengen muss, damit sich etwas verändert, bei dem kann Veränderung auf eine ganz leichtfüßige Art und Weise geschehen. Weil nicht gegen irgendetwas gekämpft wird, bleibt die Energie vorhanden, um uns in Richtung der eigenen Bedürfnisse und dessen, was uns wirklich wichtig ist, auszurichten.

Diesen Unterschied beobachte ich oft bei Klienten. Die, die gegen ihre psychischen Schwierigkeiten kämpfen, wünschen sich oft Therapiemethoden, bei denen sie sich nicht beteiligen müssen. So fragen sie etwa nach Medikamenten oder Hypnose. Sie sind vielfach ungeduldig und suchen die schnelle Veränderung. Sie möchten eher über andere als über sich sprechen, oft werden ausführlich Erfahrungen in der Kindheit geschildert, die die Probleme in der Gegenwart vermeintlich bewirkt haben sollen. Dabei werden nicht selten andere für die eigenen Probleme verantwortlich gemacht. Wenn die erhoffte schnelle Besserung nicht eintritt, wird die Behandlung manchmal abgebrochen und ein anderer Therapeut oder eine andere Methode gesucht.

Anders verhalten sich jene Klienten, die zur Annahme in der Lage sind. Sie sind bereit, ihren eigenen Anteil an der Problematik zu sehen und engagieren sich für ihre eigene Gesundheit. Sie ringen um die vielen kleinen Veränderungsschritte, die dann langsam einen zufriedeneren Zustand bewirken können. Ihnen ist es möglich zu sehen, dass Probleme oft über sehr lange Zeiträume hinweg entstanden sind und es daher keine schnellen Lösungen geben kann. Während bei der ersten Gruppe Veränderungen leider oft ausbleiben, merken die annehmenden Klienten manchmal schon nach wenigen Wochen erste Zeichen der Besserung.

In der Psychologie, Philosophie und Spiritualität gibt es verschiedene Konzepte, die ein Handeln ohne jeden Widerstand zu beschreiben versuchen. In der östlichen Philosophie hat das dem Daoismus entstammende *Wu Wei* große Verbreitung erfahren. Es ist das natürliche Handeln, von dem wir oben schon gesprochen haben. Wu Wei bedeutet wörtlich »Nicht-Handeln«. Das Ich und der Verstand treten zurück. Der Verstand spielt keine unterschiedlichen Optionen mehr durch, um sich dann zu entscheiden, wie er vorgehen möchte. Nicht-Handeln bedeutet auch, dass da keiner ist, der handelt. Stattdessen wird versucht, sich mit dem größeren Ganzen, mit Gott, mit der Essenz oder wie wir es nennen wollen, zu verbinden und dieses Größere durch den eigenen Organismus handeln zu lassen. Dieses sogenannte Dao ist es dann, das durch den Menschen agiert.

Im Westen ist das sogenannte Flow-Erleben sehr bekannt geworden. Dieser Begriff geht auf Mihály Csíkszentmihályi, Psychologieprofessor in Chicago, zurück. Flow beschreibt einen Zustand völliger Vertiefung und restlosen Aufgehens in einer Tätigkeit, der sich einstellt, wenn jemand weder überfordert noch unterfordert ist, sondern genau in dem Bereich dazwischen agiert. Auch hier tritt das »Ich« zurück und Handeln geschieht einfach. Das Flow-Erleben bleibt jedoch eher auf kurze Phasen beschränkt, während die Haltung des Wu Wei das ganze Leben durchwebt.

Es gibt Zustände, die wir überhaupt nur durch Akzeptanz erreichen können und die nicht durch ein bestimmtes, zielorientiertes Handeln möglich werden. Sie stellen sich ein, wenn angestrengtes Bemühen ein Ende findet und wir bereit sind, uns dem, was ist, hinzugeben. Ein typisches Beispiel ist Yoga. Wie gern würde man bei der Vorwärtsbeuge ganz locker die Hände um die Fußknöchel legen können. Aber statt dass sich der Oberkörper entspannt auf die Oberschenkel sinken lässt, bleibt der Rücken starr und man kann froh sein, wenn die Hände halbwegs entspannt die Knie berühren. Nun hat man zwei Möglichkeiten: Annahme oder Widerstand. Wem die Annahme gelingt, der überfordert sich nicht. Er dehnt den Körper entsprechend seiner momentanen Möglichkeiten, damit lässt er es dann auch bewenden. Wenn er dies einige Zeit macht, wird sein Oberkörper mehr und mehr nach vorne sinken und eines Tage ruht seine Stirn auf den Knien und er umfasst mit seinen Händen ganz gelöst die Fußknöchel. Wer jedoch im Widerstand ist, der will, dass der Körper sich nach seinen Regeln richtet. Dann wird mit Muskelkraft und Anstrengung nachgeholfen und der Körper wird nach unten gezwungen. Schließlich würde man doch gerne so anstrengungslos die Übungen machen können wie die anderen im Yoga-Kurs. Doch wir können einen gelösten Körper nicht erzwingen, wir können ihn nicht »machen«; was wir *wollen*, spielt überhaupt keine Rolle. Die einzige Möglichkeit besteht darin, die eigenen Grenzen anzunehmen, weiter engagiert zu üben, nicht gegen die Schmerzgrenze des Körpers anzukämpfen, weich auszuatmen und zu warten.

Wie ist nun der Weg hin zu diesem natürlichen Handeln? Wie können wir den nächsten naheliegenden Schritt gehen, der sich anstrengungslos aus der Situation ergibt? Nehmen wir zunächst ein recht banales Alltagsbeispiel: Simon möchte gerne regelmäßig Joggen gehen, kann sich dazu aber meistens nicht überwinden. Er hat es schon mit Übungsplänen probiert und einige Motivationsbücher gelesen, aber er kriegt es nicht auf die Reihe. Eine annehmende Haltung würde nun bedeuten, allen Aspekten der Situation mit möglichst viel Akzeptanz zu begegnen. Da ist zunächst einmal sein schlechtes Gewissen darüber, dass er sich so selten aufraffen kann. Er findet, er sei ein Versager und hätte zu wenig Willenskraft, schließlich schaffen andere das ja auch. Er nimmt das schlechte Gewissen wahr, kann es aber langsam loslassen. Dann wird ihm seine eigentlich große Motivation bewusst. Gerade nach langen Bürotagen merkt er, wie unwohl er sich in seinem Körper fühlt. Alles fühlt sich steif und angespannt an. Beim Joggen ist das anders, sein Körper ist so aktiviert und die Stimmung verändert sich positiv. All das nimmt er ebenfalls wahr. Dann wird ihm noch sein hoher Anspruch deutlich: Entweder man joggt richtig und läuft mindestens vierzig Minuten, oder man kann es gleich bleiben lassen. Doch auch das kann er langsam loslassen. Als die Selbstverurteilung und die innere Antreiberei weniger werden, fühlt sich sein Projekt »Joggen gehen« wieder leichter an. Er gewinnt wieder mehr Zutrauen, dass es ihm gelingen kann. Schließlich entscheidet er, mit kleinen Einheiten zu beginnen. Außerdem überlegt er, dass ihm das Laufen leichter fallen würde, wenn er seinen Hund mitnimmt. Auf die Idee war er bisher nicht gekommen, denn durch den Hund muss er hin und wieder eine kleine Pause einlegen, was ihm sein innerer Antreiber gleich als Schwäche ausgelegt hatte.

Ein aus Akzeptanz hervorgehendes Handeln geht mit dem Naheliegenden. Die folgende kleine Geschichte zeigt, was das bedeuten kann: Eine Hochwasserkatastrophe hat einen Mann auf das Dach seines Hauses getrieben. Doch auch dort ist er nicht sicher – das Wasser steigt bedrohlich an. Retter in einem Boot kommen vorbei und wollen ihn mitnehmen. »Nein danke«, antwortet er, »Gott wird mich retten.« Es wird Nacht, das Wasser steigt weiter, der Mann klettert auf den Schornstein. Wieder kommt ein Boot vorbei, und die Helfer rufen: »Steig ein!« »Nein danke, Gott wird mich retten« ist abermals seine Antwort. Schließlich kommt ein Hubschrauber. Die Besatzung sieht ihn im Scheinwerferlicht, das Wasser reicht ihm bis zum Kinn. »Nehmen Sie die Strickleiter«, ruft einer der Männer. »Nein danke, Gott wird mich retten«, sind die letzten Worte des Mannes, denn kurze Zeit später ertrinkt er. Im Himmel angekommen, beschwert er sich bei Gott: »Mein Leben lang habe ich treu an dich geglaubt. Warum hast du mich nicht gerettet?« Gott sieht ihn erstaunt an: »Ich habe dir zwei Boote und einen Hubschrauber geschickt. Worauf hast du gewartet?«

Zwei Boote und ein Hubschrauber wären eigentlich ziemlich »naheliegend« in einer solchen Gefahrensituation, vorausgesetzt man ist nicht blind für die Situation oder steht sich mit den eigenen Gedanken nicht im Weg. Denn dann können unsere Handlungen haarsträubend ineffektiv oder sogar gefährlich werden.

Das Naheliegende ist nicht zwangsläufig angenehm, manchmal rebelliert alles in uns, wenn wir uns dem Naheliegenden zuwenden sollen. Vielfach bedeutet das Naheliegende gar nichts oder deutlich weniger zu tun, denn vieles, was wir tun, ist schlichtweg überflüssig. Die beste Freundin braucht keinen Tipp, wenn sie einfach nur erzählen will, dass es ihr gerade nicht gut geht. Es reicht vollkommen aus, ihr still zuzuhören und wirklich präsent zu sein. Wer gerne für ein Wochenende wegfahren möchte, aber irgendwie alle ausgewählten Hotels ausgebucht sind und das Wetter sehr wechselhaft scheint, für den würde das Naheliegende wohl darin bestehen, für dieses Wochenende zu Hause zu bleiben. Wenn es gelingt, anzunehmen, was ist (schlechtes Wetter, belegte Hotels, Wunsch wegzufahren), dann bleibt man vielleicht zu Hause und kann akzeptieren, dass man zunächst durchaus etwas betrübt ist, weil man sich auf die kleine Reise gefreut hat.

Wer für das Naheliegende nicht offen ist, versucht oft, die eigenen Ideen und Pläne zu erzwingen. Der Widerstand bewirkt dann Kampf und Anstrengung, um das Leben so zurechtzubiegen, wie man es gerne hätte. Ein ehemaliger Klient von mir litt an einer Schizophrenie. Er hatte insgesamt sieben schwerwiegende psychotische Krisen, die jeweils dazu führten, dass er in die Psychiatrie eingewiesen werden musste.

Ausgelöst wurden alle Krisen durch beruflichen Stress. Lange gelang es ihm nicht, die Situation anzunehmen, wie sie war, zu stark war sein Wunsch, beruflich erfolgreich zu sein, in der Familie Anerkennung zu erfahren und mit seinen Brüdern mithalten zu können. Als er schließlich zu einer akzeptierenden Haltung fand, kündigte er seinen Job, weil er nicht noch einmal eine erneute akute Phase provozieren wollte. Er arbeitete als Nachhilfelehrer und hatte fast zehn Jahre keine weiteren Krisen mehr.

An diesem Beispiel wird auch deutlich, dass das Naheliegende für das Umfeld oft sehr klar ersichtlich ist, man selber dafür aber blind sein kann. Spätestens nach der dritten Krise bekam mein Klient von allen Familienmitgliedern und Bekannten die dringende Empfehlung, weniger zu arbeiten oder die Arbeit ganz zu beenden. Er selbst war zu diesem Zeitpunkt für diese offensichtliche Wahrheit aber wohl noch nicht bereit.

Das Naheliegende ist übrigens oft auch mit Angst verbunden, denn wir verlassen die gewohnten Bahnen des überflüssigen Handelns und der Versuche, unsere Gefühle durch unser Verhalten in den Griff zu kriegen. In der Psychotherapie gibt es den Spruch: »Wo die Angst ist, da geht's lang«, denn hinter der Angst verbergen sich das Veränderungspotenzial und die Herausforderung. Auch mein Klient hatte große Angst davor, seine beruflichen Ziele aufzugeben. »Welchen Sinn hat denn mein Leben, wenn ich beruflich nichts wirklich auf die Reihe kriege?« fragte er sich und mich, und wir brauchten nicht wenige Therapiestunden, um daran zu arbeiten, dass er erkennen konnte in seiner Familie nicht weniger Liebe erfahren würde, wenn er als Nachhilfelehrer arbeitete.

Vielleicht findet sich auch in deinem Leben etwas eigentlich Naheliegendes. Eigentlich ist dir längst klar, was zu tun wäre, aber irgendetwas in dir kämpft dagegen an. Vielleicht sind Ängste mit dem anstehenden Schritt verbunden, vielleicht wäre die Handlung für dich neu und unvertraut? Lass dir etwas Zeit, um zu erkunden, welches Handeln entsteht, wenn du dem, was ist, zustimmst.

Schluss: Spiritualität und Psychologie

Nun bist du als Leserin oder Leser fast am Ende dieses Buches angelangt. Und auch ich als Autor stehe, während ich das hier schreibe, kurz vor dem Abschluss einer sehr intensiven Schreibphase und einer insgesamt fast zweieinhalbjährigen Auseinandersetzung mit Akzeptanz und Annahme.

Als ich mit der Recherche zu diesem Thema begann, habe ich mich sehr verwundert gefragt, warum es noch kein gutes Buch über Akzeptanz und Widerstandslosigkeit gibt. Die Antwort auf diese Frage hat sich mir während meines Arbeitsprozesses offenbart: Eine tiefe Form der Akzeptanz dem Leben gegenüber wird nicht durch irgendwelche Techniken möglich, die in einem Ratgeberbuch in drei, fünf oder neun Schritten beschrieben werden können. Sie ist auch nicht in einem Drei- oder Acht-Wochen-Programm zu erreichen. Letztlich liegt Annahme gar nicht alleine in unserer Hand, sondern erfordert ein Zurücktreten des Ichs mit seinen Zielen und Ansprüchen, sodass sich mehr und mehr Annahme entfalten kann. Diese innere Entwicklung zu beschreiben, hat mich als Autor herausgefordert. Die verschiedenen Aspekte, wie beispielsweise die eigenen Gefühle zu fühlen, Freundlichkeit sich selbst gegenüber zu zeigen, eine meditative und demütige Grundhaltung zu kultivieren, sind eigentlich so anspruchsvoll, dass sie eigener Bücher bedürfen würden. Widerstandslos(er) zu werden ist ein langer und intensiver innerer Prozess, der mit einem Buch wie diesem beginnen oder sich vertiefen kann. Aber es ist keine Fertigkeit, die wir einzig durch die Lektüre eines Buches entwickeln könnten.

Ich bin Psychotherapeut und als solcher habe ich auch dieses Buch geschrieben. Ich bin kein spiritueller Lehrer, aber ich erkunde seit langer Zeit spirituelle Wege. Je intensiver ich mich mit einer bejahenden Haltung dem Leben gegenüber beschäftigt habe, umso deutlicher wurde mir, dass es vor allem unsere spirituelle Ausrichtung ist, die mehr Annahme ermöglichen kann. Jede Religion vermittelt neben einem bestimmten Glaubenssystem Lebensweisheit und die Kultivierung von Tugenden, die für unser Leben ausgesprochen hilfreich sein können. Eine der wichtigsten Tugenden, die sich in wohl allen spirituellen Richtungen findet, ist Akzeptanz und Hingabe an das, was uns geschenkt und auferlegt wird – von Gott oder wem auch immer. Wenn eine Kultur ihre religiösen Wurzeln verliert, kommt ihr nicht nur das jeweilige religiöse Moral- und Glaubenssystem abhanden, sondern zugleich auch die Weisheit und Lebensklugheit, die sich ebenfalls in der jeweiligen religiösen Botschaft finden. Wenn wir die Religion »wegwerfen«, schneiden wir uns damit auch von diesem Wissen ab. So geht es uns auch mit Qualitäten wie Annahme, Hingabe und Demut. Mit zunehmender Säkularisierung stellt sich der Mensch an die erste Stelle der Weltordnung und will sich sein Leben nicht länger von Gott »vorschreiben« lassen. Also übt er sich nicht in Annahme und Demut, sondern in Selbstmanagement und Lebensoptimierung. Das geht eine gewisse Zeitlang gut und hat durchaus auch positive Auswirkungen, denn nun kann er in vielen

Bereichen auf eine gute und sinnvolle Art mitgestalten. Doch sobald wir in Lebenslagen geraten, die wir nicht beeinflussen können, beginnen unsere Schwierigkeiten, weil wir die Fähigkeiten, um mit solchen Situationen umgehen zu können, nicht mehr verfügbar haben.

Mir wurde während meiner eigenen Auseinandersetzung mit diesem Thema deutlich, dass unser psychologisches Wissen hinsichtlich der Kultivierung von Akzeptanz keine Weiterentwicklung der ursprünglich spirituellen Tugend darstellt, sondern eher eine Notlösung ist. Die westliche Psychologie setzt vorrangig auf der Ebene des individuellen Ichs an, das durch verschiedene Techniken gestärkt werden soll und dem Methoden vermittelt werden, um selbstbestimmt auf das eigene Leben und die Empfindungen Einfluss zu nehmen. Doch tiefe Annahme ist einem Ich, das Kontrolle anstrebt, schwer möglich. Es ist vielmehr ein Zurücktreten dieses Ichs erforderlich, um mehr Zustimmung zum Leben zu erlangen. Da sich die moderne Psychologie aber vor allem um Ich-Stärkung bemüht, konnten sich Tugenden wie Demut oder das vorhin beschriebene »natürliche Handeln« nicht als therapeutische Anliegen durchsetzen. Überhaupt tun sich die weitverbreiteten und besonders anerkannten Therapiemethoden mit dem Einbeziehen einer spirituellen Ebene in ihre Arbeit schwer. In dem Bemühen, sich als wissenschaftliche Disziplinen zu etablieren, haben sich große Teile der westlichen Psychologie und auch Psychiatrie bisher deutlich von jeglicher Form von Spiritualität abgegrenzt.

Ich befürchte, unsere Gesellschaft wird sich von der Fähigkeit zur Akzeptanz noch weiter entfernen, als sie das bisher schon getan hat. Wir werden weiterhin und vielleicht sogar noch vehementer als bisher versuchen, mehr und mehr Bereiche unserer Existenz zu kontrollieren und nach unseren Vorstellungen zu gestalten. Unsere hohe Erwartungshaltung an das Leben, unsere Allmachtsfantasien und unser Wunsch nach Dauerglück werden womöglich noch weiter zunehmen.

Wir werden wohl noch mehr als bisher versuchen, unser Befinden in Richtung »gut fühlen« und »glücklich sein« zu regulieren und dazu noch mehr Psychopharmaka und bestimmte Drogen nutzen. Vielleicht werden sogar hirnorganische Stimulationen und Eingriffe hinzukommen. Vor allem wird unsere Gesellschaft immer größere Probleme damit haben, den Tod zu akzeptieren, denn unsere Endlichkeit ist wohl die allergrößte Herausforderung für unsere Fähigkeit zur Zustimmung. Unsere Bemühungen werden zunehmen, die Lebenserwartung noch weiter zu erhöhen. Wir werden unsere Tage noch mehr als bisher mit Aktivitäten füllen, um vermeintlich möglichst viel vom Leben mitzunehmen und nichts zu verpassen. Vermutlich werden auch die Anstrengungen, den Tod aus dem Leben zu verbannen, noch verstärkt. Es werden zunehmend sehr teure Medikamente eingesetzt, um das Sterben hinauszuzögern, auch wenn es sich dabei nur um wenige Tage handelt und der Patient gar keine Lebensqualität mehr erlebt. Es ist wahrscheinlich, dass sich auch die Freitoddiskussion intensiviert und sich nicht länger nur auf schwere und lebensbedrohliche Erkrankungen beziehen wird. Da die Vorstellung, am Ende des Lebens keine Kontrolle mehr zu haben und Schmerzen und anderen unangenehmen Empfindungen hilflos ausgeliefert zu sein, für immer mehr Menschen allzu unerträglich wird, wird sich die Diskussion über ein selbstbestimmtes Ende wohl auch auf Menschen ausdehnen, die ganz natürlich aufgrund ihres hohen Alters versterben könnten.

Doch nicht nur unsere Ansprüche in Bezug auf das Leben werden zunehmen. Wo wird es hinführen, wenn wir auch uns als Person immer weiter »optimieren«? Wenn die Ansprüche an berufliche und private Leistungsfähigkeit noch weiter zunehmen und wir uns noch mehr anstrengen, um diesen Ansprüchen zu genügen? Was wird passieren, wenn das kapitalistische Prinzip immer weiter in unsere sozialen Beziehungen Einzug hält?

Die voranschreitende Optimierung der Lebensumstände und der eigenen Person bringt eine ganze Reihe psychischer Schwierigkeiten mit sich. Depressionen und Angststörungen nehmen zwangsläufig zu. Depressionen entstehen unter anderem, wenn sich hohe Erwartungshaltungen nicht erfüllen. Ängste treten auf, wenn wir an unseren eigenen oder auch äußeren Ansprüchen scheitern. Ebenfalls werden Erschöpfungszustände wie Burn-out häufiger, weil unser Organismus den stetig wachsenden Perfektionsansprüchen auf Dauer einfach nicht gewachsen ist.

Mit wenigen Worten formuliert: Ich befürchte, dass sich die Tendenz der letzten Jahrzehnte hin zu (Selbst-)Optimierung, Leistungssteigerung und erhöhter Erwartungshaltung an das Leben noch weiter fortsetzen wird. Aber natürlich sind wir alle keine Hellseher und niemand kann die Zukunft voraussagen. Es spricht nur einiges dafür, dass der oben beschriebene Trend längst noch nicht abgeschlossen ist.

Bei all der zunehmenden Nicht-Akzeptanz gibt es aber auch eine Gegenbewegung. Immer mehr Menschen suchen eine spirituelle Heimat, sei es in neuen christlichen Bewegungen, im Buddhismus oder in der Esoterik. Die Achtsamkeitsbewegung hat mittlerweile schon größere Teile der Gesellschaft erfasst. Ihren großen Erfolg verdankt sie einerseits wohl der spirituellen Lücke, die in westlichen Gesellschaften entstanden ist. Zugleich bietet sie Hilfestellung für die zentralen menschlichen Probleme, mit denen sehr viele Menschen in unserer hektischen und reizüberfluteten Gesellschaft konfrontiert sind. Eine regelmäßige Achtsamkeitspraxis hilft, unseren überdrehten Verstand zu beruhigen und den durch moderne Medien und Stress verloren gegangenen Bezug zum gegenwärtigen Moment wieder zurückzugewinnen. Vieles von dem, was ich in diesem Buch vorgestellt habe, ist durch Achtsamkeitskonzepte inspiriert. Ich verdanke dieser Bewegung und der damit verbundenen wissenschaftlichen Forschung ein grundlegendes Verständnis unseres Umgangs mit erwünschten und unerwünschten Empfindungen.

Wir alle sollten sehr aufmerksam und wachsam sein, um uns unserer Tendenzen zur Optimierung und Kontrolle unseres Lebens bewusst zu werden. Halten wir diese Art des Selbst- und Weltbezugs wirklich für sinnstiftend und glückbringend? Wünschen wir uns und unseren Kindern, dass wir uns noch weiter in diese Richtung entwickeln? Oder sollten wir versuchen, an Jahrtausende alte Traditionen anzuknüpfen, die uns lehren, uns selbst nicht so wichtig zu nehmen, und anerkennen, wie wenig wir bei ehrlicher Betrachtung letztlich im Griff haben?

Denn auch wenn der gesamtgesellschaftliche Trend klar sein mag: Wir müssen längst nicht alles mitmachen. Unser Innerstes, unser Herz, unser tiefstes Wesen ist zur Annahme in der Lage. Ja, diese Qualität ist in uns so tief angelegt wie das Gehen, das Lachen oder eine andere Fähigkeit, die jedes Kleinkind auf eine ganz natürliche Art entfaltet. Es gibt niemanden, der nicht annehmen kann. Wir müssen eigentlich nur die Hindernisse beiseiteräumen, mehr ist nicht zu tun. Letztlich ist es ganz einfach, es erscheint uns nur manchmal fast unmöglich.

Der erste wichtige Schritt besteht darin, uns nicht zu verurteilen, wenn uns Akzeptanz misslingt. Denn was könnte absurder sein, als um mehr Akzeptanz zu ringen und sich zu verurteilen, wenn man dabei scheitert? Am Anfang steht also die Herausforderung der *Akzeptanz der Nicht-Akzep-*

tanz. Wenn du annimmst, dass du gerade nicht annehmen kannst, werden deine Empfindungen schon weicher. Du verurteilst dich beispielsweise nicht mehr dafür, dass du deine Eltern gerne anders hättest als sie nun mal sind. Du quälst dich nicht mehr mit der Selbstbeschuldigung, eine undankbare Tochter oder ein undankbarer Sohn zu sein. Du akzeptierst, dass du deine Eltern nicht wirklich annehmen kannst, und du erkennst die Sehnsüchte, die sich hinter deinen Wünschen verbergen, wenn dem Kind von damals bestimmte Qualitäten gefehlt haben. Du hilfst dir und deinen Eltern nicht, wenn du dich für deinen kritischen Blick auf Vater oder Mutter verurteilst.

Über die Jahre der Beschäftigung mit diesem Thema habe ich erfahren, dass wir den Prozess der Annahme wirklich nicht in der Hand haben. Akzeptanz entwickelt sich nicht wie eine Reise, auf der man dem Ziel kontinuierlich näher kommt, es ist keine Treppe oder Leiter, die es zu erklimmen gilt. Manchmal ereignet sie sich spontan und völlig unerwartet. Vor einigen Tagen erhielt ich eine Mail von einer Klientin mit der Betreffzeile »Wie ein Wunder«. Sie schrieb, dass es ihr plötzlich (!) möglich wurde, ihre Vergangenheit anzunehmen und dass die Selbstverurteilungen und Anklagen ein Ende gefunden hatten. Sie hatte davor jahrzehntelang und über ein Jahr in der Therapie mit bestimmten Ereignissen in ihrer Kindheit gehadert. Sie schrieb: »Es ist wahnsinnig befreiend und eine wichtige Erkenntnis, die ich endlich verinnerlichen konnte: Was war, kann ich nicht mehr ändern, auch die Folgen nicht.« Über so lange Zeit wollte sie die Vergangenheit anders haben, und nun erkannte sie plötzlich, dass sich diese Hoffnung nicht erfüllen wird und auch gar nicht erfüllen muss. Solche spontanen Veränderungen kommen im psychischen Bereich oft vor. Doch Akzeptanz kann sich auch ganz anders entfalten. Manchmal kommt sie auf so leisen Sohlen daher, dass wir sie gar nicht recht wahrnehmen und uns eines Tages wundern über den Frieden und die Zustimmung zu einem bestimmen Thema. Der innere Kampf ist ganz allmählich entschwunden.

So sind wir herausgefordert, uns nicht nur in Demut und Hingabe zu üben, sondern uns auch hingebungsvoll diesem Prozess anzuvertrauen, ohne ihn erzwingen oder beschleunigen zu wollen. Ich wünsche uns, dass wir mutig und beherzt bereit sind, uns allem, was ist, zu öffnen. Mögen wir innerlich zurücktreten und dem Leben seinen Lauf lassen und uns nicht mehr dagegen stemmen. Denn dann sind wir in der Lage, uns für die unbeschreibliche und berauschende Fülle des Seins zu öffnen.

Wenn wir mehr uns selbst und unser Leben annehmen, verändert sich nicht nur unser Alltag, sondern unser ganzes Umfeld. Menschliches Leid ist in allererster Linie Folge unserer Ablehnung und unseres inneren Dauerkampfes. Wir brauchen dann nämlich nicht mehr materielle Güter, immer besseres Essen, immer spannendere Fernreisen, um unser Befinden zu regulieren. Wir gewinnen vielmehr die Fähigkeit zurück, innerlich bei dem zu bleiben, was ist, auch wenn es momentan mal etwas unspektakulär ist, und wir haben mehr Energie übrig, um uns dafür einzusetzen, dass die Welt ein gerechterer Ort wird.

Zum Schluss möchte ich von einer kurzen Begebenheit berichten, die schon mehr als 25 Jahre zurückliegt. Während meines Psychologiestudiums in Zürich ging ich eines Morgens über die Bahnhofstraße, jene weltbekannte Edel-Flaniermeile im wohlhabenden Bankenviertel. An einer Hauswand hockte ein Mann, der aussah wie ein Landstreicher. Er war allerdings ungewöhnlich gepflegt und roch auch nicht nach Alkohol. Er trug eine runde Nickelbrille und hatte wache und freundliche Augen. Vor ihm stand eine Schale und daneben lagen kleine kopierte Heftchen mit dem Titel »Die Harmonie der Welt«, die er für einen »Taler« wie er sagte, verkaufte. Wir kamen miteinander ins Gespräch, und ohne zu wissen warum, fragte ich ihn, ob ich mich zu ihm setzen dürfe. So hockten wir schließlich länger als eine Stunde nebeneinander. Wir sprachen kaum, sondern betrachteten gemeinsam die Menschen auf dem Gehweg vor uns. Es war eine sonderbar stille Energie, die von diesem Mann ausging und die mich so tief berührte, dass ich die Zeit völlig vergaß. Als ich ihm schließlich erklärte, dass ich nun zur Uni müsse, schenkte er mir nicht nur eines seiner kleinen Heftchen, sondern auch noch fünf Franken, die er während unserer gemeinsamen Stunde eingenommen hatte. In dem Heftchen entdeckte ich eine tiefe Weisheit und kostbare Worte, mit denen ich dieses Buch beenden möchte:

Du meinst, du seiest etwas Bestimmtes
Doch du bist eine Welle im Weltenmeer
Du meinst, du seiest selbstständig
Doch du bist der Treffpunkt von hunderttausend Kräften
Du meinst, du kannst dich lenken
Weil du nicht siehst, was dich zieht und treibt
Du meinst, du müsstest etwas tun
Doch deine Anstrengung ist nur Widerstand.[26]

Anhang

Danksagung

Jedes Mal, wenn ich ein Buch schreibe, bin ich berührt davon, wie viele Menschen mir dabei helfen. Diesmal gilt das ganz besonders, denn ich habe sehr viel Unterstützung erhalten, und sie war ausgesprochen hilfreich.

Ich danke den Teilnehmenden meiner Jahresgruppe »Achtsam leben«, die sich auf das mutige Experiment eingelassen haben, sich ein ganzes Jahr lang mit der Förderung von Akzeptanz zu beschäftigen. Ihnen und auch den Teilnehmenden meiner Fortbildungen und Trainings verdanke ich so manches Beispiel. Ihre Fragen haben mir ein vertieftes Verständnis vieler Themen ermöglicht und mich herausgefordert, meine Gedanken klarer zu formulieren.

Im Rahmen einer Internetumfrage habe ich Menschen gebeten, über ihre persönlichen Erfahrungen mit Akzeptanz zu berichten und zu schildern, wie ihnen mehr innere Zustimmung in ihrem Leben möglich wurde. Allen, die sich daran beteiligt haben, gilt ebenfalls mein herzlicher Dank. Ich war beeindruckt von der Offenheit und Ehrlichkeit, die in den Berichten spürbar waren.

Usha Swamy vom Kösel-Verlag danke ich für ihr großes Vertrauen. Sie hat mich abermals eingeladen, ein Buch in ihrem Verlag zu veröffentlichen, und das Manuskript selbst lektoriert. Dabei hat sie mit Umstellungen und sorgsamen Übergängen den Text deutlich lesefreundlicher und nachvollziehbarer gemacht und damit so manche Textstelle überhaupt erst zum Leben erweckt.

Mein Dank gilt auch Maria Schorn. Sie hat den Text vorlektoriert, mir viele Anregungen für die weiteren Fassungen der Kapitel gegeben und war mir während der letzten intensiven Schreibphase eine zuverlässige Unterstützerin.

Mein größter Dank geht wieder einmal an meine Frau Anke Gartelmann, ohne die ich dieses Buch ganz sicher nicht hätte schreiben können. Sie hat immer wieder den spirituellen Aspekt der Akzeptanz betont und mir durch ihre tiefe Verankerung dabei geholfen, die Orientierung nicht zu verlieren. Ihre Anmerkungen und Einwände haben den Text außerdem deutlich konkreter und lebendiger gemacht.

Die sieben Mythen zu Akzeptanz und Annahme

Es gibt viele Mythen und Fehleinschätzungen über Akzeptanz. Sie bewirken, dass Menschen leider oft eine schlechte Meinung zur Annahme haben und nicht bereit sind, dem Leben mit einer annehmenden Haltung zu begegnen. Einige dieser Mythen habe ich hier zusammengefasst.

Mythos 1: Annahme ist etwas, wozu wir uns entscheiden können.
Richtig ist: Wir können uns nicht zur Annahme entscheiden, aber wir können lernen, uns ihr zu öffnen. Annahme ist die Folge eines gelungenen innerpsychischen Verarbeitungsprozesses. Dazu gehört unter anderem die Bereitschaft, uns mit unseren Gefühlen auseinanderzusetzen, die durch die anzunehmende Tatsache ausgelöst werden.

Mythos 2: Annahme bedeutet Passivität und nichts dazu beizutragen, dass sich die Dinge verändern.
Richtig ist: Das Gegenteil ist oft der Fall. Durch Annahme entstehen ganz neue Handlungsmöglichkeiten, die zuvor nicht gesehen wurden.

Mythos 3: Annahme bedeutet, ein Weichei zu sein und sich auf der eigenen Schwäche auszuruhen.
Richtig ist: Das Gegenteil ist der Fall. Annahme ist eine be-

sondere Form der Stärke. Es ist für die meisten Menschen viel leichter, gegen das Unerwünschte zu kämpfen, als das Unerwünschte anzunehmen.

Mythos 4: Annahme brauchten nur die Menschen in früheren Zeiten, als man seine Lebenssituation noch kaum beeinflussen konnte. Heute können wir die Dinge so verändern, wie sie für uns gut sind, und wir brauchen keine Annahme mehr.
Richtig ist: Auf die meisten wichtigen Geschehnisse in unserem Leben haben wir nur bedingten oder gar keinen Einfluss. In jedem Leben gibt es Ereignisse und Herausforderungen, die wir nicht kontrollieren können. Annahme ist die einzige Möglichkeit, um auf gute Art mit diesen Herausforderungen umzugehen.

Mythos 5: Annahme bedeutet, etwas gut zu finden oder zu mögen.
Richtig ist: Wir müssen das, was wir annehmen, nicht gut oder richtig finden oder gar mögen. Wir können auch Dinge annehmen, die wir eigentlich ganz fürchterlich finden.

Mythos 6: Wenn man etwas annimmt, dann ist man einverstanden mit dem, was passiert ist.
Richtig ist: Wir müssen nicht mit dem einverstanden sein, was wir annehmen. Wir können auch Dinge annehmen, die wir falsch finden. Wir nehmen aber an, dass sie sind, wie sie sind.

Mythos 7: Was wir annehmen müssen, sind nur unsere unangenehmen Empfindungen.
Richtig ist: Annahme bezieht sich auf alles, was ist, auf unangenehme und auf angenehme Empfindungen. Manchmal fällt es sogar noch schwerer, den angenehmen Empfindungen mit einem »Ja« zu begegnen.

Anmerkungen

1 Rupp, R./Knörzer, W: »Schüler glücklich und stark machen – Ergebnisse der wissenschaftlichen Begleituntersuchung zur Einführung des Schulfachs ‚Glück' an der Willy-Hellpach-Berufsfachschule«, in: Knörzer, W./Schley, M. (Hrsg.): *Neurowissenschaft bewegt*, Hamburg 2010, S. 85–92

2 Ford, B. Q./Mauss, I. B.: »The paradoxical effects of pursuing positive emotion: When and why wanting to feel happy backfires«, in: J. Gruber and J. Moskowitz (Eds.): *Positive Emotion: Integrating the Light Sides and Dark Sides*, Oxford University Press 2014, S. 363–381

3 Ford, B. Q./Shallcross, A. J./Mauss, I. B./Floerke, V. A./Gruber, J.: »Desperately seeking happiness. Valuing happiness is associated with symptoms and diagnosis of depression«, in: *Journal of Social and Clinical Psychology* 2014, Nr. 33, S. 890–905

4 Mauss I. B./Tamir M./Anderson C. L./Savino N. S.: »Can seeking happiness make people unhappy? Paradoxical effects of valuing happiness«, in: *Emotion* 2011, Nr. 11/4, S. 807–15.

5 Wegner, D. M., Schneider, D. J., Carter, S., & White, L.: »Paradoxical effects of thought suppression«, in: *Journal of Personality and Social Psychology* 1987, Nr. 53, S. 5–13.

6 Levitt, J. T./Brown, A. T./Orsillo, S./Barlow, D. H.: »The Effects of Acceptance Versus Suppression of Emotion on Subjective and Psychophysiological Response to Carbon Dioxide Challenge in Patients With Panic Disorder« in: *Behaviour Therapy* 2004, Nr. 35, S. 747–766

7 Hierzu gibt es zahlreiche Untersuchungen, beispielsweise Kelly, A. C./Zuroff, D. C./Foa, C. L./Gilbert, P.: »Who Benefits from Training in Self-Compassionate Self-Regulation? A Study of Smoking Reduction«, in: *Journal of Social and Clinical Psychology* 2010, Nr. 29/7, S. 727–755.

8 Strosahl, K. D./Hayes, S. C./Wilson, K. G.: *Akzeptanz- & Commitment-*

Therapie. Achtsamkeitsbasierte Veränderungen in Theorie und Praxis, Paderborn 2004, S. 38.

9 Beisser, A.: *Wozu brauche ich Flügel? Ein Gestalttherapeut betrachtet sein Leben als Gelähmter*, Wuppertal 1997, S. 115.

10 Herwig, U. u. a.: »Self-related awareness and emotion regulation«, in: *NeuroImage* 2010, Nr. 50/2, S. 734–741

11 Hayes, S. C. / Bissett, R. T. / Korn, Z. / Zettle, R. D. / Rosenfarb, I. S. / Cooper, L. D. u. a.: »The impact of acceptance verses control rationales on pain tolerance«, in: The Psychological Record 1999, Nr. 4, S. 33–47

12 Butler, J. / Ciarrochi, J.: »Psychological acceptance and quality of life in the elderly«, in: *Quality of Life Research* 2007, Nr. 16, S. 607–615

13 Bach, P. / Hayes, S. C.: »The Use of Acceptance and Commitment Therapy to Prevent the Rehospitalization of Psychotic Patients. A Randomized Controlled Trial«, in: *Journal of Consulting and Clinical Psychology* 2002, Nr. 70/5, S. 1129–1139

14 Malouf, E. T. / Youman, K. / Stuewig, J. / Witt, E. A. / Tangney, J. P.: »A pilot RCT of a values-based mindfulness group intervention with jail inmates. Evidence for reduction in post-release risk behavior« in: *Mindfulness* 2017, Nr. 8, S. 603–614

15 Ford, B. Q. / Lam, P. / John, O. P. / Mauss, I. B.: »The Psychological Health Benefits of Accepting Negative Emotions and Thoughts. Laboratory, Diary, and Longitudinal Evidence.« in: *Journal of Personality and Social Psychology* 2017; DOI: 10 1037/pspp0 000157

16 Aus Eckhard Tolle: *Küss den Frosch*, Vortrag abrufbar unter https://www.youtube.com/watch?v=PUOpTMVjw74

17 Diese Übung verdanke ich Christian Meyer (www.zeitundraum.org). Es ist eine Abwandlung der sogenannten Bewusstseinsübung

18 Neff, K.: *Selbstmitgefühl. Wie wir uns mit unseren Schwächen versöhnen und uns selbst der beste Freund werden*, München 2012

19 Wood, J. V. / Perunovic, W. Q. / Lee, J. W.: »Positive self-statements. Power for Some, Peril for Others«, in: *Psychological Science* 2009, Nr. 20/7, S. 860–866

20 Ulrich Ott: *Meditation für Skeptiker. Ein Neurowissenschaftler erklärt den Weg zum Selbst*, München 2015

21 Adyashanti: *True Meditation. Discover the Freedom of Pure Awareness*, Boulder 2006, S. 22

22 Meister Eckehart: *Deutsche Predigten und Traktate. Herausgegeben und übersetzt von Josef Quint*, Diogenes Verlag 1979, S. 303, Predigt 32

23 Anselm Grün: *Demut und Gotteserfahrung*, Münsterschwarzach 2012, Band 185

24 Paul J. Mills P. J. / Redwine, L. / Wilson, K. u. a.: »The Role of Gratitude in Spiritual-Wellbeing«, in: *Spirituality in Clinical Practice* 2015, Nr. 2/1, S. 5–17

25 Vgl. Anmerkung 7

26 Uwe Schade: *Die Harmonie der Welt*, Freiburg 2001, S. 8

Literatur zum Weiterlesen

Adyashanti: *Sein. Die wahre Natur der Erleuchtung,* München 2014.

Christine Brähler: *Selbstmitgefühl entwickeln: Liebevoller werden mit sich selbst,* München 2015

Byron Brown: *Befreiung vom inneren Richter. Die Intelligenz der Seele erkennen,* Bielefeld. 2001

Christopher Germer: *Der achtsame Weg zur Selbstliebe,* Freiburg 2011

Russ Harris: *Wer dem Glück hinterherrennt, läuft daran vorbei. Ein Umdenkbuch,* München 2009/2023

Russ Harris: *Wer vor dem Schmerz flieht, wird von ihm eingeholt. Unterstützung in schwierigen Zeiten. ACT in der Praxis,* München 2021

Andreas Knuf: *Ruhe da oben! Der Weg zu einem gelassenen Geist,* Freiburg 2010/2022

Andreas Knuf: *Ruhe da oben! Wege aus der Grübelfalle (Hörbuch-CD),* Freiburg 2012

Andreas Knuf: *Ruhe, ihr Quälgeister. Wie wir den Kampf gegen unsere Gefühle beenden können,* München 2013

Andreas Knuf & Matthias Hammer: *Die Entdeckung der Achtsamkeit in der Arbeit mit psychisch erkrankten Menschen,* Köln 2013

Andreas Knuf: *Sei nicht so hart zu dir selbst, Selbstmitgefühl in guten wie in miesen Zeiten,* München 2016

Andreas Knuf: *Nix wie fühlen! Achtsamer Umgang mit Gefühlen in Beratung, Therapie und Coaching*, München 2022

Jack Kornfield: *Das weise Herz. Die universellen Prinzipien buddhistischer Psychologie*, München 2008

Thomas Metzinger: *Der Ego-Tunnel. Eine neue Philosophie des Selbst: Von der Hirnforschung zur Bewusstseinsethik*, München 2014

Christian Meyer: *Ein Kurs in wahrem Loslassen. Durch das Tor des Fühlens zu innerer Freiheit*, München 2016

Kristin Neff: *Selbstmitgefühl. Wie wir uns mit unseren Schwächen versöhnen und uns selbst der beste Freund werden*, München 2012

Jochen Peichl: *Rote Karte für den inneren Kritiker. Wie aus dem ewigen Miesmacher ein Verbündeter wird*, München 2014

Steve Taylor: *Verrückte Welt*, Bielefeld 2013

Eckhart Tolle: *Jetzt. Die Kraft der Gegenwart*, Bielefeld 2010

Eckhart Tolle: *Eine neue Erde. Bewusstseinssprung anstelle von Selbstzerstörung*, München 2015

Einführungen in Meditation

Adyashanti: *True Meditation*, Boulder 2006

Tara Brach: *Einführung in die Meditation*, Burgrain 2014

Marie Mannschatz: *Meditation. Mehr Klarheit und innere Ruhe (mit CD)*, München 2015

Ulrich Ott: *Meditation für Skeptiker. Ein Neurowissenschaftler erklärt den Weg zum Selbst*, München 2015

Achtsamkeits-CDs

Britta Hölzl: *Die große Achtsamkeits-Box, (2 CDs & 1 DVD)*, Berlin 2012

Jon Kabat-Zinn/Lienhard Valentin: *Stressbewältigung durch die Praxis der Achtsamkeit (CD)*, Freiburg 2014

Jon Kabat-Zinn/Lienhard Valentin: *Die heilende Kraft der Achtsamkeit (CD)*, Freiburg 2021

YouTube Videos

YouTube-Kanal »inneres Glück« mit Achtsamkeitsübungen von Andreas Knuf unter www.youtube.com/@inneresgluck-online-kursem2473

Online Kurse

verschiedene Selbsthilfekurse auf www.MINDEMY.de zu einem hilfreichen Umgang mit Gedanken und Gefühlen:

- Nix wie fühlen!
- Ruhe da oben!
- Sei nicht so hart zu dir selbst!